Kolibri

Musikbuch 1/2
Bayern

Herausgegeben von
Bettina Küntzel

Unter Mitarbeit von
Ulrike Meyerholz
Britta Schotsch

Schroedel
westermann

Inhalt

Tiere

Jahreszeiten und Feste

Singspiel

Hörbeispiel auf CD
Film auf DVD

Inhalt

Alphabetisch / Lieder

Nach Kompetenzbereichen

Musizieren mit der Stimme

Musizieren mit Instrumenten

Musik in Tanz und Bewegung umsetzen

Musik hören

Musik szenisch umsetzen

Musik, Musik

Ich und die Musik I/1 – 8

1 In dieser großen Familie hat jeder etwas mit Musik zu tun. Beschreibt, was ihr seht.

2 Wann und wo hört ihr Musik? Berichtet!

- Musik im Alltag wahrnehmen; Bedeutung von Musik im Leben beschreiben.
  Ausgewählte Wiedergabemedien zur Reflexion nutzen.
  Musikstücke hören und beschreiben.

3 Bringt eure Lieblingsmusik mit.
Erzählt, von wem ihr sie kennt.

4 Fragt ein anderes Kind:
Welche Musik hörst du gern?
Von wem kennst du die Musik?

▶ Jedes Bild auf seine Information hin prüfen: Wer macht was zur Musik und aus welcher Quelle kommt sie? Die Bilder als Anreiz für eigene Erzählungen nehmen.

Musik in meiner Stadt I/9 – 21

1 Hört, was da klingt!
Wo ist Musik, wo sind Geräusche?

- Bezüge zwischen Musik und Jahres-/Festkreis wahrnehmen; musikalischem Ensemble oder Musiker aus dem eigenen regionalen Bezugsraum begegnen.

2 Was hört ihr in eurer Stadt?
Wo gibt es überall Musik? Welche Orte haben etwas mit Musik zu tun?

▶ Wo „hört" man auf diesem Bild Musik und was weist auf sie hin?
Die örtliche Tageszeitung auf Musik hin auswerten;
ein Plakat über „Musik in meiner Stadt" zusammenstellen.

Mein Lieblingsinstrument I/22–23 IV/1

1 Erzählt, was ihr auf den Bildern seht.

- Instrumente kennenlernen; musikalische Vorlieben benennen.
- Besprechung der Bildgeschichte: wie Interesse an einem Instrument entsteht; die E-Gitarre, die imitiert wird, unterscheiden von der akustischen Gitarre.

Mein Leben mit Musik

I/24 – 26

1 Die Kinder haben schon einige Fragen an der Tafel gesammelt. Überlegt weitere Fragen an den Musiker.

2 Welchen Musiker könntet ihr einladen? Diese Fragen können euch helfen:
Kenne ich selber einen Musiker?
Gibt es in meiner Gegend eine Musikgruppe oder ein Orchester?

- Einem Musiker/einer Musikerin aus dem eigenen regionalen Bezugsraum begegnen und beschreiben, welche Bedeutung Musik im Leben des Gesprächspartners hat.

Ich gehe zur Schule

Klingende Schulwege

I/27 – 42

1 Zwei Kinder treffen sich jeden Morgen vor ihrer Schule.
Findet heraus, welchen Weg jedes Kind von seinem Zuhause aus geht.
Hört euch dazu die Geräuschfolge für jedes Kind an
und betrachtet dabei den Stadtplan. Wo ist die Schule?

2 Macht mit eurer Stimme Geräusche nach.
Denkt euch einen neuen Weg aus. Zeigt ihn nur mit der Stimme.
Die anderen finden heraus, welcher Weg gemeint ist.

- Klänge bewusst wahrnehmen; Ausdrucksmöglichkeiten der Stimme erproben.
- In Gruppen- oder Partnerarbeit: Dinge aufmalen, die klingen; mit der Stimme nachahmen; herausfinden lassen, was gemeint ist.

So geht's: S. 47

Der Schulweg-Song

I/43 – 45
IV/2

Text: B. K.
Melodie: traditionell

1 Schon fährt der Schulbus los, tralalalala. ... Ich bin jeden Morgen unterwegs. High five!

2 Ich geh zu Fuß dorthin, tralalalala. ... Ich bin jeden Morgen unterwegs. High five!

Die **Melodie** dieses Liedes ist als Kreistanzspiel **Brown girl in the ring** bekannt. Es wird auf der ganzen Welt von Kindern gesungen und gespielt. Dazu stellen sich die Kinder im Kreis auf. Zum **Refrain** geht ein Kind im Kreis herum. Zur **Strophe** nimmt es ein Kind aus dem Kreis und tanzt mit ihm. Beim nächsten Refrain nimmt das erste Kind den leeren Platz ein und das zweite geht nun allein herum.

1 Erzählt, wie ihr zur Schule kommt.
Überlegt euch dann eine eigene Textzeile, die zu der Melodie passen könnte.

2 Tanzt zum Lied, wie oben beschrieben.

- Bewegungen zu Liedern koodiniert ausführen; musikalische Formteile (Strophe-Refrain) identifizieren.
- Die Gruppe Boney M. hat aus dem Lied ein Disco-Stück gemacht.

! Fachwörter: S. 93, 94

Im Klassenzimmer I/46

■ Texte und Lieder gestalten; mit Stimme und Instrumenten improvisieren; Klangfarben unterscheiden.

So geht's: S. 19

Ja, so ein Zimmer

Text und Melodie: Gerda Bächli

Das klingt kurz.

Das klingt lang.

Das klingt hell.

Das klingt dunkel.

1 Probiert aus, was klingt.

2 Erzeugt lange, kurze, dunkle und helle Klänge.

3 Singt das Lied und spielt an der passenden Stelle euren Klang.

4 Denkt euch selbst neue Strophen aus.

▶ Klangerzeugungsmöglichkeiten an verschiedenen Zimmereinrichtungsgegenständen ausprobieren und als neue Strophen im Lied singen: „Der Papierkorb, der klingt so … “

So geht's: S. 19

Das Namenslied

I/47 – 48

Text: Anja Schuchhardt, B. K.
Melodie: mündlich überliefert

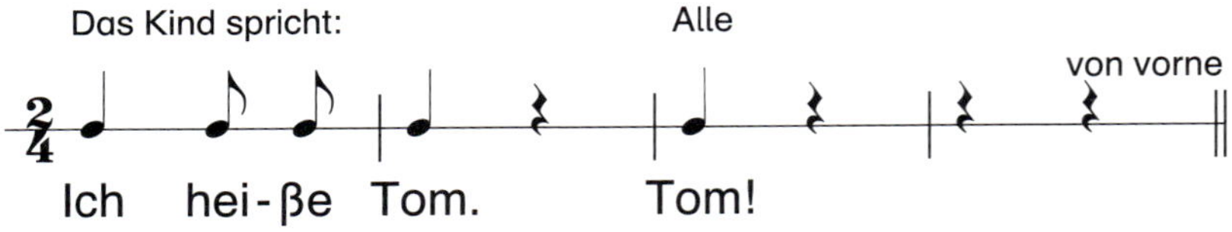

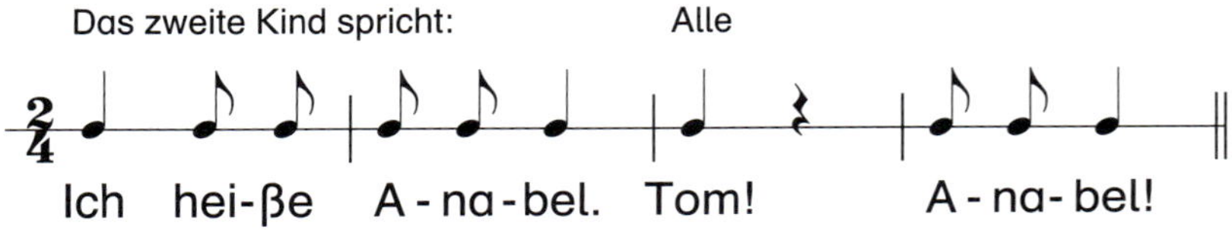

Jeder Name hat einen Rhythmus:

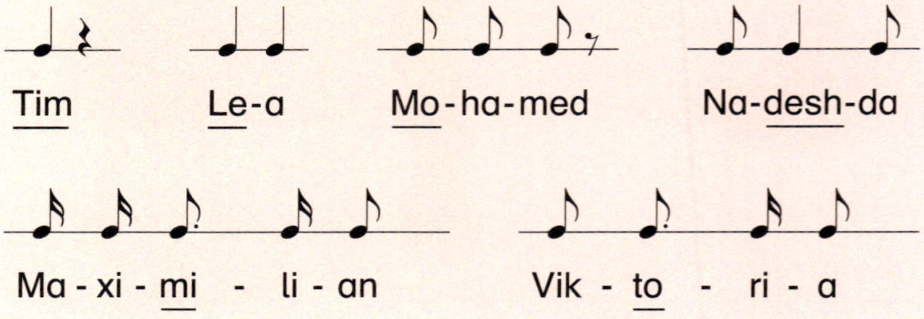

1. Wie klingt der **Rhythmus** eurer Vornamen? Spielt euren Namensrhythmus.
2. Denkt euch einen Namen aus und trommelt den **Rhythmus**.
   Die anderen Kinder finden heraus, welche Namen dazu passen könnten.
3. Denkt euch eine Folge von Namen aus und trommelt sie.

- Lieder unterschiedlicher Stile singen; Lieder und Texte mit verschiedenen musikalischen Ausdrucksmitteln gestalten: Tondauer.
- Ratespiel: Stumm trommeln – welcher Name könnte gemeint sein?

Fachwörter: S. 93

Wer hat die Kekse aus der Dose geklaut? I/49

Text und Melodie: mündlich überliefert

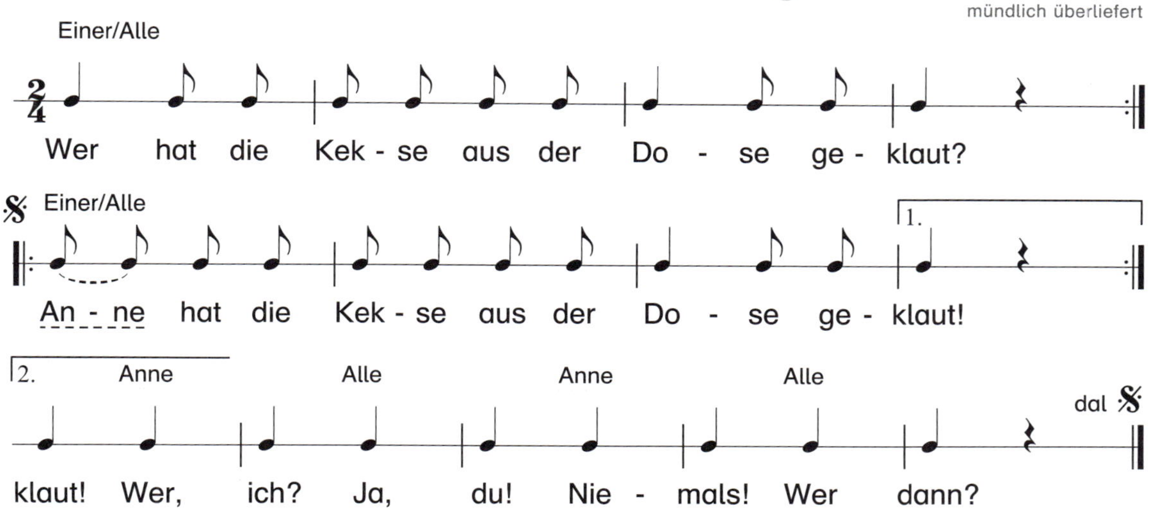

Wer hat die  aus der  geklaut? 2-mal

Anne hat die  aus der  geklaut. 2-mal

Begleitung

patschen

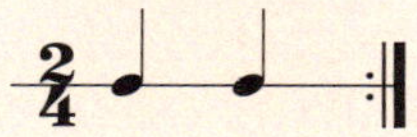

1 Singt das Lied im **Sprechgesang**.

2 Patscht mit den Händen gleichmäßig zum Lied auf die Oberschenkel oder setzt andere Körperinstrumente ein.

3 Singt, patscht und spielt in immer schnellerem Tempo.

■ Lieder mit musikalischen Ausdrucksmitteln begleiten; Sprechstimme in Verbindung mit Bodypercussion rhythmisch sicher einsetzen.

▶ Spielregel muss vertraut sein, deswegen sollte man das Lied oft wiederholen.

Fachwörter: S. 94

Alles aus Papier

I/50–52

Text und Melodie: Ulrike Meyerholz

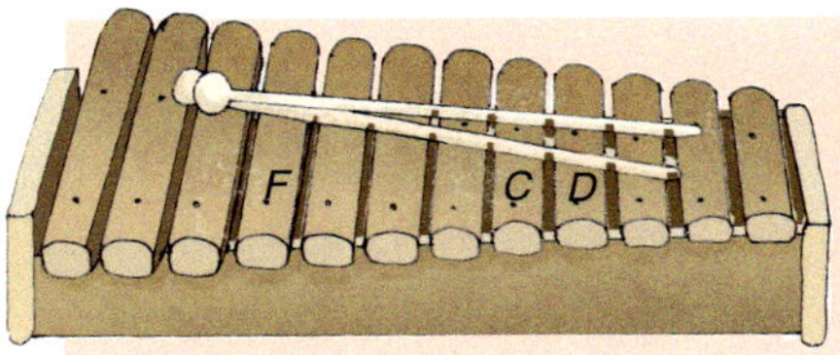

Begleitung

1. Macht Klänge mit Papier.

2. Musiziert wie in einem **Rondo**:
Alle singen gemeinsam das Lied.
Dann spielt ein Kind ein **Solo**.
Es spielt also ganz allein etwas mit Papier.
Danach singen alle wieder das Lied.
Darauf folgt wieder ein **Solo**.

3. Schreibt eure Papierklänge als **Klangzeichen** auf.

4. Schreibt weitere Klangzeichen
und spielt sie mit eurem Papier.

5. Ihr könnt auch Musik für mehrere Papierklänge aufschreiben.

■ Improvisieren mit Stimme und Instrumenten;
gleiche und unterschiedliche musikalische Formteile identifizieren;
Fachvokabular kennenlernen.

! Fachwörter: S. 93

So geht's: Klänge erfinden und zeichnen

1 Ich probiere aus,
wie mein Papier klingen kann.
Ich finde mindestens
drei verschiedene Klänge.

2 Ich suche mir ein anderes Kind.
Es soll meine Klänge zeichnen.
Dazu brauchen wir Papier und Stifte.
Während ich einen meiner Klänge
spiele, zeichnet mein Partner auf,
wie das klingt.

3 Jeder Klang sieht anders aus.

4 Nun zeigt mir mein Partner,
welches Klangzeichen ich spielen soll.
Dann tauschen wir.

Am Morgen

Morgenstimmung

I/53–54 IV/3

1 Schaut euch die Bilder an. Was erzählen sie?

2 Hört euch das Musikstück mit dem Taktzähler an und betrachtet dabei das Bild so lange, wie der dazugehörige Musikabschnitt dauert.

- Höreindruck in nonverbalen Ausdrucksformen wiedergeben; musikalische Kompositions- und Gestaltungsprinzipien in Bewegungshandlungen übertragen; Instumentalstücke mit Bewegungen gestalten.

3 Bewegt euch so zur Musik, wie die Bilder es zeigen, aber ohne Taktzähler. I/54

4 Denkt euch eigene Bewegungen zu der Musik aus.

▶ Das Hören mit Taktzähler dient dazu, die vier musikalischen Abschnitte unterscheiden zu können. Erst dann können die Bewegungen der Länge des Stückes angepasst werden.

So geht's: S. 61

Bruder Jakob

I/55–56

Text und Melodie: mündlich überliefert aus Lothringen

Frère Jacques,
dormez-vous?
Sonnez les matines,
ding dong dong.
französisch

Are you sleeping,
brother John?
Morning bells are ringing,
dong dong dong!
englisch

Jakup usta,
haydi kalk,
saatine bir bak,
bom bom bom.
türkisch

1. Singt im **Kanon**, auch in anderen Sprachen.

2. Spielt den **Bordun** zum Lied.
Dabei schlagt ihr gleichmäßig auf die Töne F und C.
Ihr könnt Stabspiele oder Tasteninstrumente benutzen.

■ Texte und Lieder begleiten; Spieltechniken und Fachvokabular anwenden; musikalische Formteile identifizieren.

▶ Zwei Gruppen: Jede Gruppe singt erst die ersten, dann die letzten vier Takte.

! Fachwörter: S. 92

Der Begrüßungs-Rap I/57 – 58

Text und Melodie: Wolfgang Hering

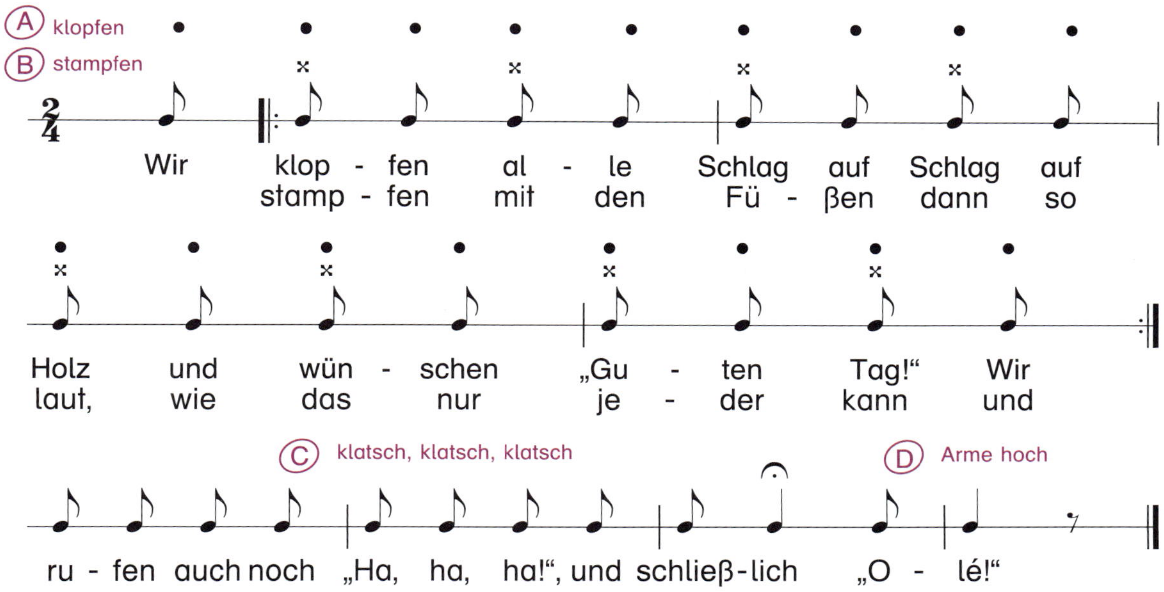

1 Auf welchen Gegenständen aus Holz kannst du noch Klänge spielen?

2 Gibt es in eurer Klasse Kinder, die eine andere Sprache sprechen? Sprecht mit ihnen ihr Begrüßungswort.

■ Sprechstimme in Verbingung mit Bodypercussion rhythmisch sicher einsetzen; Texte begleiten; Spieltechniken des Orff-Instrumentariums einsetzen.

▶ Der Rap kann auch im Kanon gesprochen werden.

Das Wecklied

I/59–61

Text und Melodie: Beate Lambert

2 Dann schlag ich auf das Holz,
das ist was ganz was Tolls.
Klacker, klacker, klack,
du schläfst ja wie ein Sack! 2-mal
Es hat wohl keinen Zweck,
ich leg es wieder weg.

3 Das Ding mit den drei Ecken,
das kann dich vielleicht wecken.
Triangel feine,
bringst du sie auf die Beine? 2-mal
Nein, es hat keinen Zweck,
ich leg sie wieder weg.

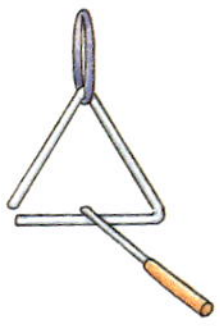

4 Die Trommel ist ganz laut,
wenn man auf sie draufhaut.
Bumm, bumm, bumm –
dreh dich doch mal um! 2-mal
Es hat wohl keinen Zweck,
ich leg sie wieder weg.

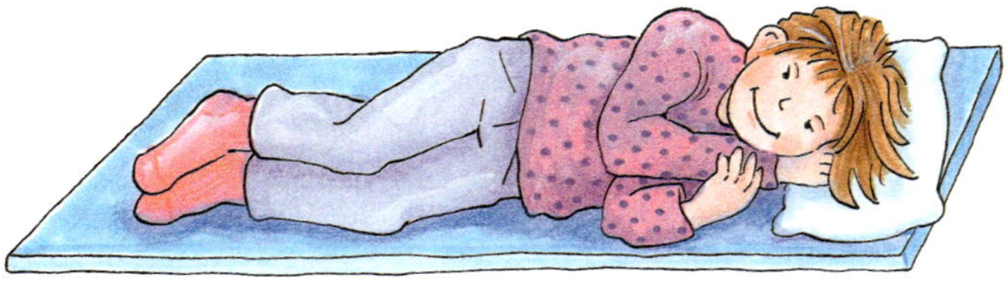

5 Vielleicht muss man zum Wecken
mit der Rassel dich erschrecken.
Rassel, rassel, rassel –
wie Regengeprassel! 2-mal
Doch es hat keinen Zweck,
ich leg sie wieder weg.

6 Jetzt alle Instrument'
wie in einer Band.
Vielleicht wirst du nur wach
von richtig lautem Krach! 2-mal
Es hat wohl keinen Zweck,
wir legen alles weg.

Das Kind, das geschlafen hat:

7 Hab gar nicht geschlafen,
hab nur so getan!
Eure Instrumente,
die hörte ich mir an.
Das warn so viele schöne,
laut' und leise Töne.
Danke fürs Konzert –
ich fühl mich sehr geehrt!

1 Spielt die Instrumente zu jeder zweiten Liedzeile.

- Stabspiele und elementare Schlaginstrumente nach Aussehen, Klang und Spielweisen unterscheiden und diese Instrumente korrekt bezeichnen.
- ▶ Statt Instrument klangähnliche Körperaktionen: z. B. klatschen statt Becken.

So geht's: Singen nach Zeichen

1 Ich kann eine Melodie nicht nur singen, sondern auch jede Tonstufe zeigen. Wenn ich meinen Arm auf Höhe des Bauchnabels halte, zeigt das den Ausgangston.

2 Für jede Tonstufe hebe ich den Arm etwas höher.

3 So kann ich auch die Tonstufen von anderen Liedern zeigen und dazu singen, wie **Alle meine Entchen**, **Der Kuckuck und der Esel** und **Bruder Jakob**.

Kinder und andere Leute

Bei den Geistern ist was los!

I/62 – 64

1 Hört die Geister an. Welches Geräusch passt zu welchem Geist?

2 Macht ihre Stimmen nach.

■ Ausdrucksmöglichkeiten der Stimme erproben; mit der Stimme improvisieren.

▶ Das Bild kann im Sinne des Spieles „Kofferpacken" bearbeitet werden. Der Erste spricht: „Ich gerate in ein Geisterhaus. Zuerst begegne ich dem ‚bwwmm, bwwmm'!"

3 Suche dir einen Geist oder ein Tier aus.
Diese Stimme machst du nach und die anderen finden heraus,
wer oder was gemeint war.

- Stimmbildungsübungen; Lautstärkenunterschiede beachten.
- ▶ Auf der CD finden sich drei Abschnitte des Bildes in Stimmklänge umgesetzt: am Kamin, an und auf der Treppe, am rechten Fenster.

So geht's: S. 47

Hundertzwei Gespensterchen

I/65 – 66

Text: James Krüss
Melodie: Ingeborg Becker/Heinz Jung

2 Hundertzwei Gespensterchen
waren sehr vertrackt:
Hinter meinem Fensterchen
klopften sie im Takt.

3 Hundertzwei Gespensterchen
haben mich erschreckt.
Weit entfernt vom Fensterchen
hab ich mich versteckt.

4 Hundertzwei Gespensterchen
waren plötzlich fort.
Schlich mich schnell zum Fensterchen,
fand sie nicht mehr dort.

5 Hundertzwei Gespensterchen
denkt euch, wie famos,
waren an dem Fensterchen
Regentropfen bloß!

1 Spielt die Regengeräusche zum Lied.

2 Spielt mit Regengeräuschen eigene Musikstücke.
Jemand kann **dirigieren**. Vielleicht beginnen einzelne Tropfen?
Dann klingen Tropfen leise. Vielleicht werden sie dann lauter,
dann wieder leise. Die Tropfen können auch erst langsam fallen
und dann schneller werden.

3 Hört euch Musikausschnitte an, in denen es musikalisch regnet. I/67 – 69

■ Lieder gestalten; improvisieren mit Instrumenten; instrumentale Klangfarben sowie Lautstärke beschreiben; Fachvokabular anwenden.

▶ Lied mit selbstgebauten Instrumenten begleiten; zu Musikausschnitten malen.

! Fachwörter: S. 92

So geht's: Lieder und Geschichten verklanglichen ■

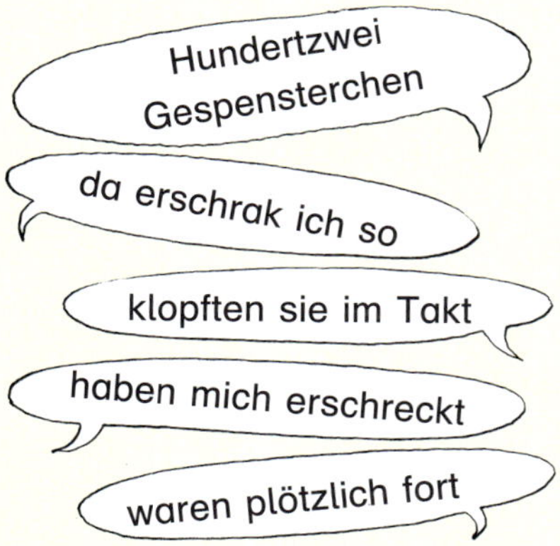

1 Ich kann ein Lied nicht nur singen oder eine Geschichte nur vorlesen. Ich kann mit Klängen untermalen, was im Lied oder in der Geschichte erzählt wird.

2 Dazu achte ich auf die Zeilen, die einen Klang ermöglichen. Im Lied **Hundertzwei Gespensterchen** eignen sich fünf Zeilen besonders gut.

3 Für diese Zeilen suche ich mir geeignete Klänge. Ich probiere die Klänge aus. Dann entscheide ich, wie sie am besten zu jeder der Zeilen gespielt werden.

4 Nun singen andere Kinder das Lied oder lesen die ganze Geschichte. Zu den vereinbarten Zeilen spielen wir. Die Klänge sollen gut zum Text passen.

So geht's: S. 37

Das kleine Blau und das kleine Gelb – ein Klangspiel I/70

1 Hier machen wir ein Kind bekannt,
es wird das kleine Blau genannt.

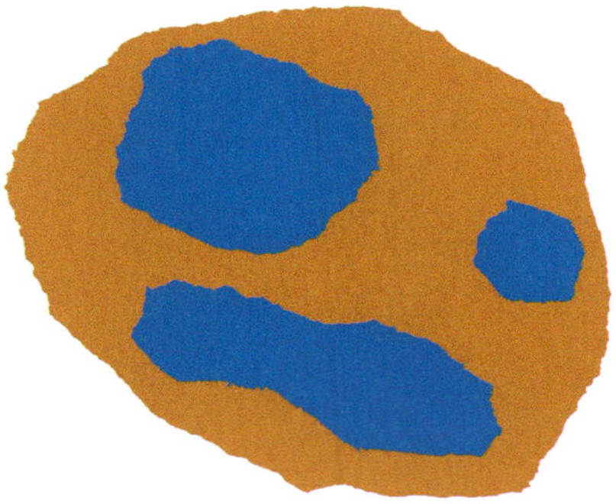

2 Hier seht ihr's noch einmal genau
mit Mama Blau und Papa Blau.

3 Auf dieser Seite nun erscheint
das kleine Gelb, sein bester Freund.

4 Es wohnt im Hause gegenüber
und kommt zum Spielen oft herüber.

5 Einst sagte Mama Blau: Mein Kind,
bleib hier! Ich kaufe ein geschwind.
Doch schlich das kleine Blau verstohlen
hinaus, das kleine Gelb zu holen.
Jedoch das Haus vom Gelb war leer.
Das kleine Blau lief hin und her ...
bis es um eine Ecke rannte
und dort das kleine Gelb erkannte.

6 Da bist du ja! Ich suchte dich.
Sie lachten und umarmten sich.

1 Findet einen Klang für das kleine Blau und das kleine Gelb.
Wie klingen die Eltern?
Wie klingt das Grün?

- Texte als musikalische Spielszene gestalten; Höreindrücke nonverbal widergeben.
- ▶ Text lesen, Klänge für Blau (z. B. ein bzw. drei Xylofontöne), für Gelb (ein bzw. drei Glockenspieltöne) finden; Text, Klang und Spiel Strophe für Strophe umsetzen.

7 Da wurden sie durch diesen Spaß
bei der Umarmung grün wie Gras.

8 Nun sieht man beide – Grün auf Grün –
zusammen durch den Stadtpark ziehn.

9 Voll Neugier krabbelten sie auch
durch einen dunklen Tunnelschlauch.
Doch schließlich seufzten sie: Oje,
wie tun uns unsre Füße weh!
Sie humpelten nach Haus zurück.
(Es war nicht weit zu ihrem Glück.)
Doch Papa Blau blickt streng und spricht:
Ein grünes Kind? Das kenn ich nicht!
Auch Mutter Gelb rief staunend: Wie?
Ein grünes Kind besaß ich nie!

10 Zusammen fingen die zwei Kleinen
in tiefem Kummer an zu weinen.

11 Sie wurden Tränen ganz und gar,
was – wie man sieht –
recht nützlich war ...

12 ... weil alle Tränen, die vergossen,
links blau, rechts gelb
zusammenflossen.

2 Begleitet alle Strophen mit passenden Klängen.
Nehmt eure Musik auf.

3 Gestaltet mit Buntpapier Bilder zu der Geschichte.

▶ Das Papier soll bei Aufgabe 3 in Form gerissen werden.
Die Kinder können sich auch in den Farben verkleiden und die Geschichte szenisch darstellen. Den Text vorlesen.

So geht's: S. 29

Tumba, tumba

I/71 IV/4–6

Text und Melodie: mündlich überliefert

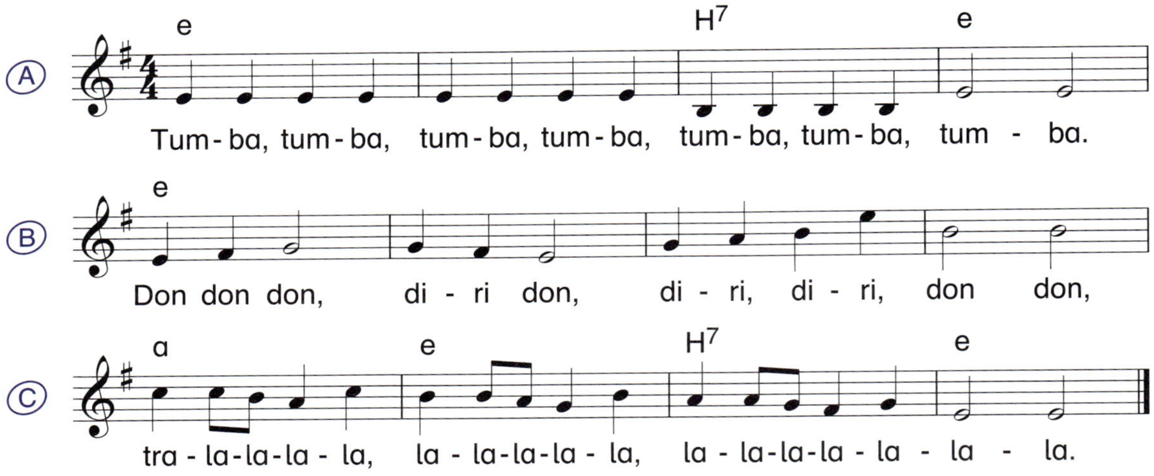

Ⓐ stampfen in Halben

Ⓑ um sich selbst drehen, klatschen

Ⓒ angefasst herumtanzen

1. Tanzt zum Lied. Zu jedem Liedteil bewegt ihr euch anders.

2. Schaut euch an, wie ihr die drei Teile mit Instrumenten begleiten könnt.

■ Kindertänze tanzen; koordiniert zu Liedern bewegen; musikalische Formteile identifizieren; Lieder begleiten.

So geht's: S. 37, 61

Şemmame – ein Reigentanz

I/72 IV/7

Von klein auf tanzen Kinder überall auf der Welt.
Sie lernen das Tanzen, indem sie andere Kinder,
Jugendliche oder Erwachsene dabei beobachten.
Dann probieren sie es selbst und werden so schnell zum Meister.

1 Die kleinen Finger der Nachbarn hakt ihr ein. Am Platz wippt ihr 4-mal in den Knien. Die Arme sind in W-Haltung.

2 Ihr geht vier Schritte in die Kreismitte: Fuß vor, den anderen Fuß ranziehen.

3 Dann geht ihr vier Schritte rückwärts. Dabei schwingen die Arme nach unten gestreckt nach hinten.

4 Nun drehen sich alle zur Seite: Ihr geht acht Schritte auf der Kreislinie, Arme wieder in W-Haltung. Dann fangt ihr von vorn an.

1 Versucht, die Schritte des Tanzes zu lernen.
Die Schritte sind hier einfacher gezeigt, als geübte Kinder sie tanzen.

- ■ Volkstänze aus dem kulturellen Bezugsraum der Schüler gestalten.
- ● Şemmame ist die Bezeichnung für einen kurdischen Reigentanz. Die Schüler können Kreistänze auch aus anderen Ländern zeigen.

1, 2, Polizei I/73–74

Melodie: Segio Porulari, Fulcio Zafret, Mario Pinosa / Text: Claudio Zennario

Eins, zwei, Po- li- zei.

Drei, vier, Gre- na- dier.

Fünf, sechs, al- te Gecks.

Sieben, acht, gut- te Nacht.

1. Hört die Musik. Wie verändert sich die Begleitung?
2. Spielt die Begleitmusik nach.
3. Spielt eigene Musik zu anderen Abzählreimen.

Begleitung

Eins, zwei, Po - li - zei

E E E E | E E E E |
G G G G | D D D D |

■ Texte begleiten;
Rhythmusübungen;
Höreindrücke nonverbal wiedergeben.

So geht's: S. 37

Abzählreime

Stellt euch vor, ihr wollt in der Pause **Fangen** spielen und es findet sich kein Fänger. Dann zählt ihr aus:

Eine kleine Mickymaus,
zog sich mal die Hosen aus,
zog sie wieder an
und du bist dran.
Dran bist du noch lange nicht,
sag mir erst, wie alt du bist.
* 1, 2, 3, 4, 5, 6, 7, **8**.
* **Acht** ist kein Wort und du bist fort.

Wer bei **fort** getippt wird,
muss heraus aus dem Kreis.
Wer übrig bleibt, ist Fänger.

1 Welche Abzählreime kennt ihr?

■ Deutlich artikuliert sprechen; Rhythmusübungen.

▶ Auf dem Schulhof „Fangen“ spielen; bei * das entsprechende Alter des Kindes einsetzen.

Trommel- und andere Klänge

Wenn ich Trommel spielen kann

I/75 – 76

Text: Anja Schuchhardt, B. K.
Melodie: mündlich überliefert

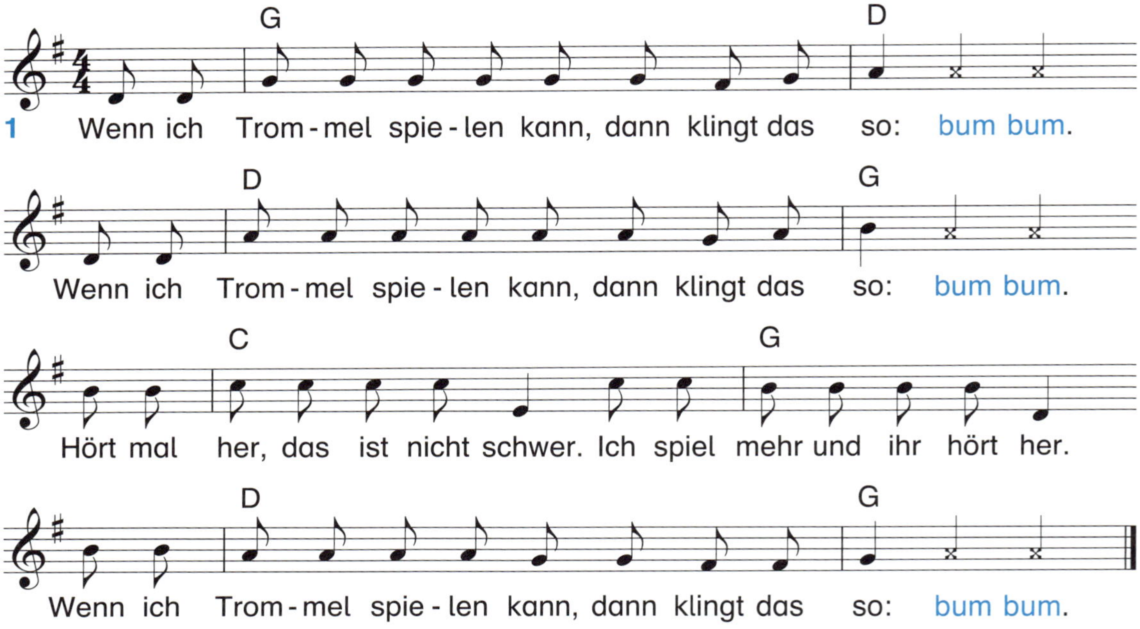

2 Wenn ich 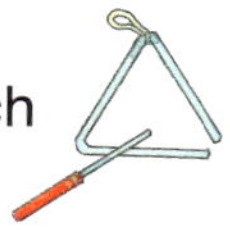 spielen kann,
dann klingt das so: ting ting, bum bum.

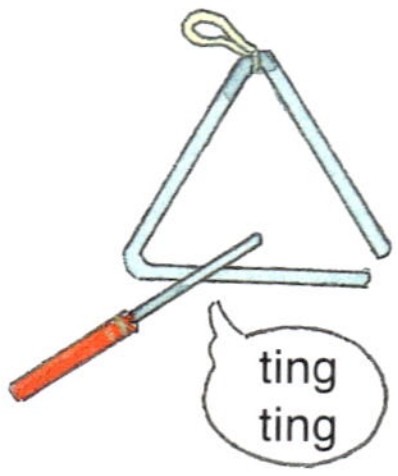

3 Wenn ich  spielen kann,
dann klingt das so: klack, klack, ting ting, bum bum.

1 Setzt selbst weitere Instrumente ein, die ihr spielen könnt.
Verwendet dabei **Klangsilben**, die zum Instrument passen.
Spielt die Instrumente nur an den Stellen, die dafür vorgesehen sind.
Die Folge von Instrumentenklängen wird so immer länger.

▶ Ausgewählte Instrumente (siehe auch Seite 38) in den Strophen einsetzen.
Instrumente benennen und Klangsilben entwickeln; auch nicht vorhandene Instrumente mit Klangsilben und pantomimischen Bewegungen einsetzen.

! Fachwörter: S. 92

So geht's: Instrumente spielen

1 Ich benutze jedes Instrument sehr sorgsam, damit nichts kaputt geht.

2 Für jedes Instrument lerne ich den Namen.

3 Ich probiere aus, wie die Instrumente gespielt werden.

4 Nur an der Stelle im Lied spiele ich, an der das Instrument passend ist.

- Elementare Schlaginstrumente unterscheiden und korrekt benennen; einfache Spieltechniken des Orff-Instrumentariums anwenden.

Orff-Instrumente

I/77
IV/8 – 13

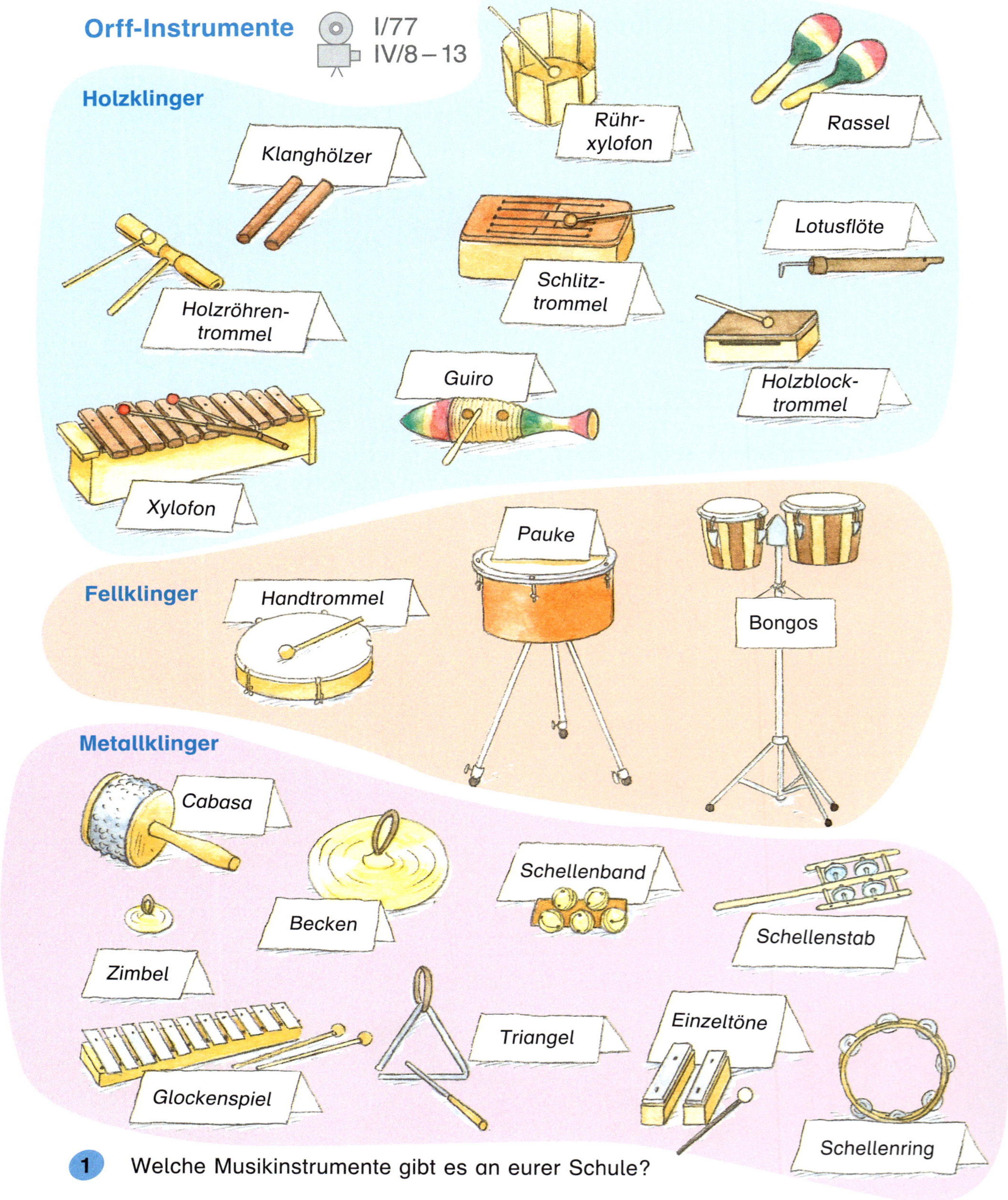

1 Welche Musikinstrumente gibt es an eurer Schule?

2 Welche Instrumente klingen lang, welche kurz?

■ Stabspiele und elementare Schlaginstrumente unterscheiden und bezeichnen. Kurz- und Langklinger unterscheiden; Fell-, Holz-, Metallinstrumente unterscheiden; Fachvokalubar kennenlernen.

So geht's: S. 37

Ein Schlägel-Leben I/78

Text: Werner Beidinger

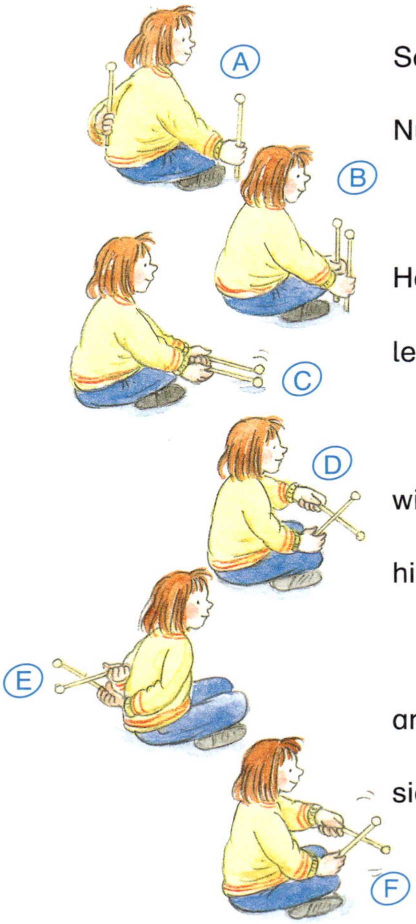

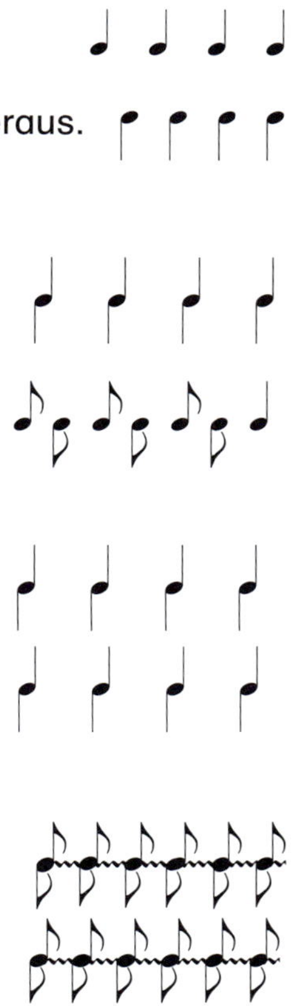

So sieht ein Schlägel aus, (A)
Nummer zwei kommt auch heraus. (B)

Hört nur, wie sie klopfen,
leis wie Regentropfen, (C)

wie die Uhren ticken (D)
hinter meinem Rücken, (E)

aneinander reiben,
sich die Zeit vertreiben, (F)

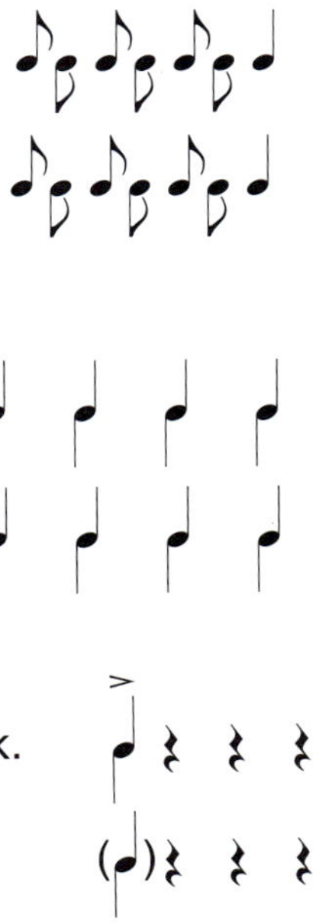

trommeln gar auf meinem Bauch (G)
und auf meine Backen auch. (H)

Schlägelköpfe küssen sacht,
nochmal vier, dann sind es acht, (I)

stehen stumm und starr vor Schreck. (J)
Husch, dann sind sie weg! (K)

Spieltechniken anwenden. ▶ Auf die verschiedenen Klänge achten, die durch das Spielen mit den Schlägeln entstehen; unterschiedliche Schlägel ausprobieren und die Klänge vergleichen. Den jeweils ersten Schlag mit der Schreibhand ausführen.

So geht's: S. 37

Der musikalische Wasserhahn

II/1 – 2

Text und Melodie:
Klaus W. Hoffmann/Rudi Mika

- Musikalische Spielszene gestalten.
- Auf verschiedene Lautstärken beim Singen des Liedes achten: „die Gläser klirrten leis, der Abfalleimer rülpste laut ...“

2 Die Tassen applaudierten
und das Handtuch rief entzückt:
„Dein Rhythmus, lieber Wasserhahn,
klingt ja total verrückt!“
Die Messer und die Gabeln
tanzten quietschvergnügt umher,
und auch dem alten Suppentopf
gefiel der Rhythmus sehr.

3 Der Flötenkessel tanzte mit
und pfiff die Melodie.
Die Teller klapperten im Takt
mit sehr viel Fantasie.
Die Töpfe schepperten im Schrank,
die Gläser klirrten leis,
der Abfalleimer rülpste laut
und drehte sich im Kreis.

4 Da sprach die alte Küchenuhr,
dass ihr der Takt gefällt
und hat ihr Ticken auf den
Wasserrhythmus umgestellt.
Auf einmal ging die Türe auf,
der Klempner kam herein.
Der Wasserhahn wurd repariert
und ließ das Tropfen sein.

Wo ist der Rhythmus?

Der musikalische Wasserhahn tropft
im Rhythmus. Dies ist sein Rhythmus:

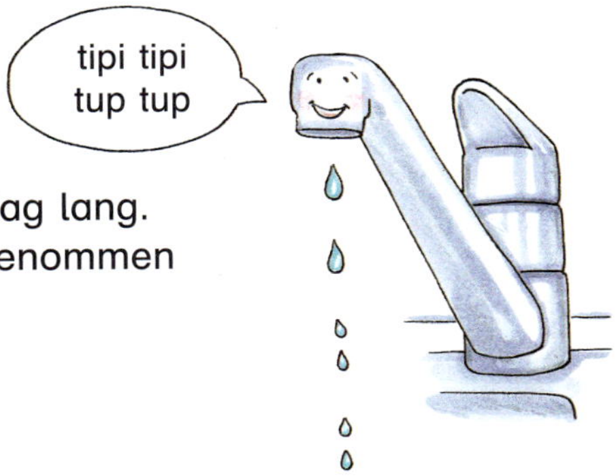

Das Wort **tup** hat eine Silbe und ist einen Schlag lang.
Das Wort **tipi** hat zwei Silben, die zusammengenommen
so lang sind wie ein **tup**-Schlag.

In Noten sieht das so aus: 

1 Denkt euch neue Rhythmen aus.
Benutzt dazu als **Rhythmussprache tipi** und **tup**.

2 Schreibt sie auf
als Wörter: tup tup ti-pi ti-pi
als Tonlängenstriche: — — – – – –
als Noten: 

3 Ihr könnt auch mehrere Rhythmen
gleichzeitig spielen.

■ Rhythmusübungen;
Lieder mit verschiedenen musikalischen Ausdrucksmitteln gestalten: Tondauer.

So geht's: S. 37, 25
Fachwörter: S. 93

Gummibär II/3–4

Text und Melodie: Georg Feils

2 Es ist kein Brom- und auch kein Blau-,
kein Preisel-, Stachel-, Erd-, kein Sau-,
kein Heidelbär ist er,
es ist der Gummibär.
Jawohl, der Gummi-, ...

3 Ziemlich klein und kunterbunt,
zu viel davon ist ungesund.
Nass klebt er ganz gut,
sogar auf Omas Hut.
Der Gummi-, ...

4 Und wer zu viel davon verzehrt,
für den hat's aus-gummi-ge-bärt.
Ach du lieber Schwan,
dem bohrt man dann im Zahn.
Wegen dem Gummi-, ...

- Lied singen.
- Schreibweisen für Beeren und Bären unterscheiden, indem alle entsprechenden Wörter aus dem Liedtext der Beere oder dem Bären zugeordnet werden.

Gummibärchenmaschine

Idee: Ulrike Meyerholz

1 Mit tup ♩, ti-pi ♫ und sa 𝄽 könnt ihr die Gummibärchenmaschine zum Klingen bringen: Sprecht jeden Rhythmus mit den Silben oder spielt ihn auf Instrumenten.

♩ tup	♫ ti-pi	𝄽 sa

2 Versucht, mehrere Rhythmen gleichzeitig zu sprechen und zu spielen.

- Mit Stimme und Instrumenten begleiten und improvisieren; Rhythmusübungen.
- Jede Zeile gemeinsam mit **tup**, **tipi** und **sa** rhythmisch sprechen und spielen. Dann probiert jede Gruppe ihre Stimme einzeln.

So geht's: S. 25

Sieben Indianerkinder II/8–9

Text: Mira Lobe, Ernst A. Ekker; Bearbeitung: B. K.
Melodie: Christine Gauster

In den Strophen **2** und **3** wird die Melodie von × bis × einmal wiederholt.

2 Sieben Indianerkinder
trommeln etwas lauter,
weil sie was gefunden haben:
gelben Mais und Honigwaben –
trommeln immer lauter.

3 Sieben Indianerkinder
trommeln stark und mächtig,
weil sie volle Bäuche haben;
sieben Indianerkinder
fühln sich satt und prächtig.

1 Singt das Lied und trommelt dazu.
Fangt leise an zu trommeln. Lasst die Trommeln immer lauter werden.

- Lieder mit verschiedenen musikalischen Ausdrucksmitteln gestalten: Lautstärke; grafische Zeichen zuordnen; II/9
Steigerung der Lautstärke (**crescendo**) herausarbeiten.

So geht's: S. 25, 37
Fachwörter: S. 92

Hey Ungawa II/10–11 IV/14–15

Text und Melodie mündlich überliefert

1. Singt und spielt das Lied.

2. Schaut euch für den Tanz an, wie die Kinder ihre Hände halten. Macht es ihnen nach. Nun geht ihr zur Seite nach links. Nach jedem Schritt wird das andere Bein herangezogen. Nach zwölf Schritten wechselt ihr die Richtung und geht vier Schritte nach rechts. Dann beginnt der Tanz von vorne.

- Lieder mit erarbeiteten Bewegungen gestalten.
- Hey Ungawa wird als Eröffnungslied für Zusammenkünfte der Chumash (leben an der Nordwestküste Amerikas) verwendet.

So geht's: S. 61

Oma Nolte

II/12

Text und Melodie: mündlich überliefert, Bearbeitung: B. K.

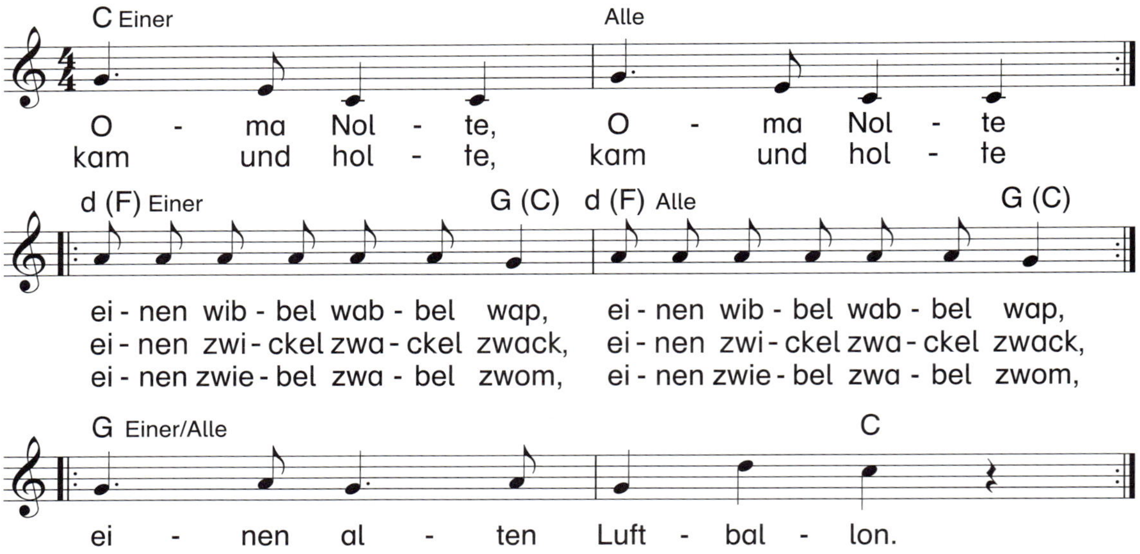

1. Singt diesen Text auf vielerlei Weise. Auf der CD klingt die Stimme mal verliebt, mal wie ein Cowboy, mal wie ein Punksänger.

2. Denkt euch weitere Möglichkeiten aus, den Text anders zu singen, z. B. indem ihr immer gleiche Selbstlaute verwendet (statt Oma Nolte, Ama Nalta usw.).

- Stimmbildungsübungen; vokale Klangfarben unterscheiden.
- Lehrer singt zuerst, später übernimmt ein Kind; neue Textgestaltungen mit einer Idee verknüpfen, z. B.: „Ein Bär kommt um die Ecke und macht auch mit. Er brummt: ...“

So geht's: Stimmbildung

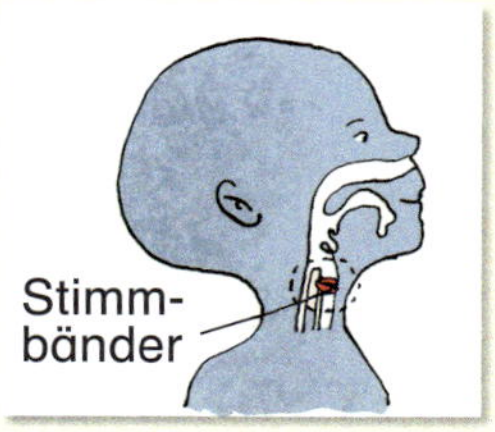

1 Unsere Stimmbänder sind Muskeln.
Man kann sie trainieren
wie andere Muskeln auch.
Dann kann man viel besser singen.

2 Zum Aufwärmen
recke und strecke ich mich.
Ich breite meine Arme aus
und atme tief und ruhig
in den Bauch ein und aus.

3 Zum Auflockern gähne ich
und lasse meinen Unterkiefer
locker hin- und herwackeln.

4 Meine Aussprache kann ich verbessern,
wenn ich mit einem Korken übe.
Ich nehme ihn leicht zwischen
die Vorderzähne und spreche deutlich
einen Satz.

5 Ich schreite wie ein König
würdevoll durch den Raum.
Meine Krone halte ich
sicher auf meinem Kopf.

6 In dieser Haltung probiere ich aus,
was meine Stimme alles kann:
weit hinauf und hinab, leiser und lauter,
dumpfe und helle Klänge.

■ Stimmbildungsübungen: Haltung, Atmung, Öffnen der Resonanzräume.

▶ Seite besprechen, Kinder setzen dann allein, zu zweit oder in Gruppen die Folge um. Kindliche Stimme mit der eines Erwachsenen vergleichen.

Das schnelle Lied

II/13–14

Text und Melodie: Fredrik Vahle

2 Früh am Morgen – Ferdinand
kommt aus seinem Haus gerannt
und springt in sein großes, rotes
schnelles Superauto.
Brrm, brrm, brrm, brrm,
guck doch mal, wie schnell ich bin!

3 Früh am Morgen – Emma Nolte,
die Kartoffeln holen wollte,
tuckert mit dem Traktor los,
mit dem starken Traktor.
Butt, butt, butt, bum,
guck doch mal, wie stark ich bin!

4 Ferdinand kommt angebrummt
und fährt fast den Traktor um
und schimpft noch die Emma aus:
„Ach, du lahme Ente!“
Brrm, brrm, brrm, brrm,
guck doch mal, wie schnell ich bin!

5 Plötzlich ruft er: „Ach, du Sch...,
auf der Straße ist ja Eis!“
Und schon rutscht der Ferdinand
in den Straßengraben.
Sinn, sinn, sinn, sinn,
auweiowei, wie schnell ich bin!

6 Da kam grade Emma Nolte,
die Kartoffeln holen wollte.
Und sie sah den Ferdinand
drin im Straßengraben.
Brrm, brrm, brrm, brrm,
der sitzt in der Patsche drin.

7 Und die Emma hängte dann
das Auto an den Traktor dran:
Ferdinand, schau, was ich kann
mit meiner lahmen Ente.
Butt, butt, butt, bum,
guck doch mal, wie stark ich bin!

8 Und der kleine Wind, der lacht:
Das hat Emma gut gemacht!
Und weht weiter übers Land
bis nach Friedelhausen.
Sinn, sinn, sinn, sinn,
guck doch mal, wie schnell ich bin!

- Stimmbildungsübungen.
- Lied mal langsam, mal schnell singen.
Klangwörter für Traktor, Auto und Wind ausdrucksstark singen.

So geht's: S. 47
Fachwörter: S. 92

Eine Erbse sagt zur andern

II/15 – 16

Text und Melodie: Margrit Küntzel-Hansen

Ei-ne Erb-se sagt zur an- dern: „Komm, wir wan-dern auf dem Weg!“

Komm, wir wandern auf dem Weg!

Komm, wir fahrn den Berg hinunter!

Komm, wir kuscheln in dem Stroh!

1. Wie klingen die Strophen? Ihr könnt ein Glockenspiel, andere Instrumente oder eure Stimme benutzen.

2. Denkt euch selbst neue Strophen aus und bringt sie zum Klingen. Nehmt eure Musik auf.

3. Wie sind die Töne des Glockenspiels in **Klangzeichen** aufgemalt? Malt eure eigenen Klangideen auch auf.

- Grafische Zeichen entwickeln; mit Stimme und Instrumenten improvisieren.
- Nacheinander gespielte Töne notiert man nebeneinander, die Notierung von tief nach hoch verläuft von unten nach oben; neue Strophen entwerfen und verklanglichen.

So geht's: S. 19, 25
Fachwörter: S. 93

Tiere

Tierische Klänge und Bilder

II/17 – 18

1 Wie klingt das Bärenbild? Wie klingt das Bienenbild?
Versucht, mit eurer Stimme und mit allem, was klingt, die beiden Bilder zum Klingen zu bringen. Bewegt euch dabei, wie es zu den Bildern passt.

2 Malt selbst ein Bild in einem Farbton. Kann euer Bild auch klingen?

- Bilder klanglich umsetzen;
Klangfarben unterscheiden; mit Stimme und Instrumenten improvisieren.
- Anhand der Hörbeispiele die Klangfarben unterscheiden.

So geht's: S. 29

Jeder Tag hat eine Farbe

II/19–20

Text des Refrains: Dr. Seuss/Uli Böhme/B. K.
Text der Strophen: Dr. Seuss/Uli Blume;
Melodie: B. K.

Refrain

Rhythmisch gesprochen: Die Farbe ändert sich – und ich?

Sind die Tage rot wie Glut,
fühle ich mich richtig gut.
Wie ein Pferd werf ich die Hufe,
nehme spielend jede Stufe.

An rosa Tagen
geht's mir prächtig.
Stolzieren und springen
gefällt mir mächtig.

Ein grauer Tag – die Welt ist flau.
Nichts rührt sich,
nichts rührt mich – ich schau.

An schwarzen Tagen bin ich laut.
Ich knurre, heule, brülle,
dass es jeden graut.

Schluss

3 Singt den Refrain. Am Ende spricht ein Kind rhythmisch: „Die Farbe ändert sich – und ich?" Nun sucht es sich eine Strophe aus, die es spricht. Am Ende der Durchläufe singen alle gemeinsam den Schluss.

4 Auch Musik hat viele Farben: **Klangfarben.** Vertont die Strophen mit Klängen, die zum Inhalt passen. Die anderen Kinder raten, welche Strophe gemeint ist.

5 Vertont die einzelnen Strophen auch mit der Stimme. Vergleicht!

- ■ Lieder gestalten; Fachvokabular anwenden; Formteile identifizieren.
- ▶ Bilder zu den Strophen malen.
- ● Klangfarben werden unterschiedlich wahrgenommen.

So geht's: S. 29
Fachwörter: S. 92

Der große und der kleine Bär II/21 – 22

Text und Melodie: Volker Rosin

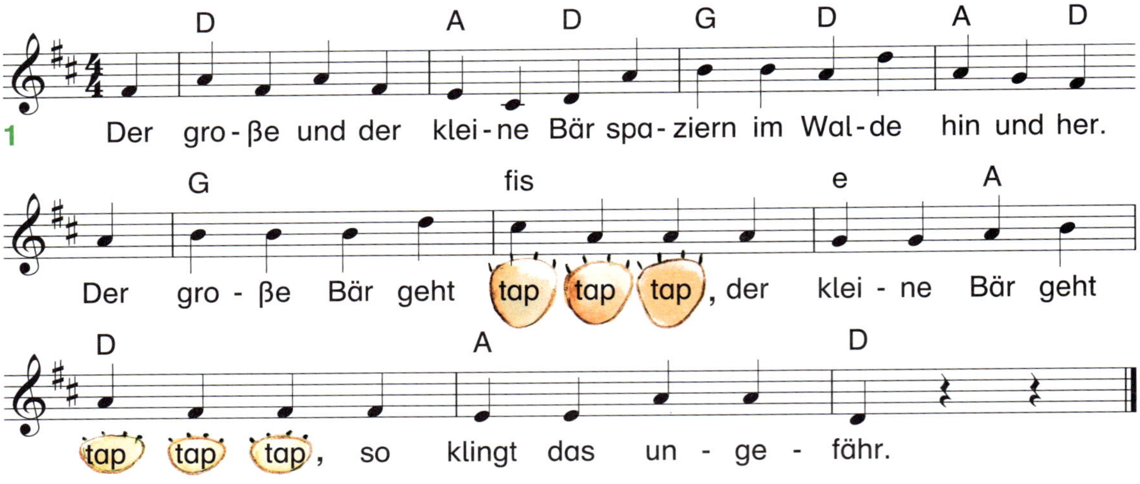

2 Sie kommen an ein kleines Haus, das sieht schon sehr verfallen aus.
Der große Bär macht klopf klopf klopf, der kleine Bär macht klopf klopf klopf.
Wer kommt jetzt wohl heraus?

3 Heraus kommt eine alte Hex, die Uhr zeigt grade auf halb sechs.
Der große Bär hat gro ße Angst, der kleine Bär hat klei ne Angst.
Sie rennen durchs Gewächs.

4 Und später dann im Mondenschein, da schlafen beide friedlich ein.
Der große Bär schläft Chr Chr Chr, der kleine Bär schläft chr chr chr.
Sie sägen alles klein.

1 Unterscheidet die lauten und die leisen Töne mit der Stimme, in der Bewegung und mit Instrumenten. Die Instrumente könnt ihr passend zum Text aussuchen.

2 Dirigiert selbst eine Laut-und-leise-Musik. Jeder hat ein **Instrument** zur Verfügung. Ein **Dirigent** zeigt mit den Armen, wann laut (*f*) und wann leise (*p*) gespielt wird. Er kann auch einzelne Instrumente spielen lassen.

- Lieder mit musikalischen Ausdrucksmitteln begleiten: forte (*f*), piano (*p*).
- ▶ Laut und leise darstellen: 1: patschen, 2: gegen die Brust klopfen, 3: große und kleine Armbewegungen, 4: Schnarchgeräusche.

So geht's: S. 25
Fachwörter: S. 92

Das Bärenorchester II/23 – 30

Text und Melodie: Klaus W. Hoffmann

2 Zwei kleine Bären,
die nahmen einen mit.
Der blies die Mundharmonika,
da waren sie zu dritt.

3 Drei kleine Bären,
die tranken Honigbier,
kam einer mit ’nem Saxofon,
da waren sie schon vier.

4 Vier kleine Bären,
die hatten sehr viel Spaß.
Als fünfter kam ein kleiner Bär
mit einem Kontrabass.

5 Fünf kleine Bären,
die trafen unterwegs
’nen Bären, der die Flöte spielte,
und schon warn sie sechs.

6 Sechs kleine Bären
sind sechse nicht geblieben,
kam einer, der die Tuba blies,
da waren sie schon sieben.

7 Sieben kleine Bären,
die haben sich gedacht:
Noch einer fehlt und das bist du,
dann sind wir nämlich acht.

1 Singt das Lied und spielt es. Ein kleiner Bär fängt an zu laufen und macht dabei das Spielen der Trommel nach. Dann kommt der zweite Bär hinzu und so weiter.

2 Setzt Instrumente ein, die vorhanden sind. Ändert dann den Text des Liedes.

- Spielerisch die Bewegungsmöglichkeiten des Körpers entdecken.
- Instrumentenklänge HB 24-30 den Strophen zuordnen; Beispiel für Textänderung: 1. Strophe: „ ...kam einer, der die Rassel spielte“.

So geht’s: S. 37

Hei, mein Pferdchen

Text Irmgard v. Faber du Faur;
Melodie: Heinz Lemmermann

pan pa - ta pan pa - ta pan pa - ta pan

flick und flack und flick und flack

bum ba - da bu bum ba - da bu

1 Ihr könnt die drei Sprechrhythmen sowohl nacheinander als auch mehrstimmig sprechen und auf Instrumente übertragen.

Rhythmusübungen;
grafische Zeichen, rhythmische Bausteine zuordnen.

So geht's: S. 25

Wie Tiere klingen

II/31 – 34

1. In jeder Sprache klingen Tierlaute anders. Hört euch die Beispiele für Tierlaute aus der Türkei, Frankreich und Großbritannien sowie Russland, Polen, Finnland und dem afrikanischen Land Togo an. Macht die Tiergeräusche nach.

2. Fügt die deutschen Tierlaute hinzu. Ihr könnt die Tiere dabei auch spielen.

3. Fragt Menschen, die eine zweite Sprache sprechen, nach Tierlauten.

■ Stimmübungen.

▶ Aussprachen der Tierlaute hören und aufgrund des Höreindrucks die Imitation üben; Kind ahmt einen Tierlaut nach, die anderen finden heraus, welches Tier gemeint ist.

So geht's: S. 47

Peter und der Wolf mit Freunden II/35

Streichinstrumente II/36 – 39

Geige Bratsche Cello Kontrabass

Schlaginstrumente II/40

Pauke

1 Hört euch die Instrumente an.
Ahmt die jeweils passende Spielweise nach.

- Höreindruck von musikalischen Werken nonverbal ausdrücken.
  Blas- uns Saiteninstrumente beschreiben und in Hörbeispielen erkennen.
- Informationen über Instrumente in Lexika oder im Internet sammeln.

So geht's: S. 37
Fachwörter: S. 93

Holzblasinstrumente ◎ II/41 – 45

Blechblasinstrumente ◎ II/46 – 48

2 Beschreibt in Worten, wie die Instrumente klingen.

- ■ Musikbeispiele den Bildern und Instrumenten zuordnen.
- ▶ Musikbeispiele nach Zufall einspielen; Kinder erkennen, um welches Instrument es sich handelt.

Peter und der Wolf: Eine Geschichte zum Hören und Spielen

II/49 – 71

1 Welches Bild gehört zu welchem Musikausschnitt?

- Musikalische Kompositions- unsd Gestaltungsprinzipien in Bewegungshandlungen übertragen; Musik als Nachahmung von Geschichten.
- ▶ Musikausschnitte aus dem Werk von Sergej Prokofjew den Bildern zuordnen.

2 Spielt die Geschichte zur Musik.

- Instrumentalstücke mit Bewegungen und Spielszenen gestalten.
- ▶ Geschichte zur Musik oder zur eigenen Verklanglichung selbst spielen; mit Körperinstrumenten und anderen Instrumenten an einigen Stellen mitspielen.

So geht's: S. 29

Ballett der Küken in ihren Eierschalen   II/72–76

Im **Grundschlag** hüpfen. 8-mal

Mit den Ellenbogen abwechselnd „gegen die Eierschalen“ schlagen. 16-mal

Gezielt „gegen die Schale drücken“ (mit „Flügelspitzen“ oder anderen Gliedmaßen). 8-mal

1. Hört euch die Musik an und stellt euch vor, wie die Küken in ihren Eierschalen tanzen. Tanzt selbst zur Musik.
2. Die Bilder zeigen euch einen Tanz, den ihr nachtanzen könnt.
3. Erfindet euren eigenen Tanz zu einem der drei Musikstücke.

Schlusston: „Mit dem Schnabel durch die Schale pieken“. 1-mal

- Klangfarben unterscheiden; Instrumentalstücke mit Bewegung gestalten; Höreindrücke nonverbal wiedergeben.
- ▶ Stück von Modest Mussorgsky anhören: Wie lässt die Musik die Küken tanzen?

! Fachwörter: S. 92

So geht's: Musik in Bewegung umsetzen

1 Ich höre mir das Musikstück von den Küken in ihren Eierschalen an. Dabei stelle ich mir vor, wie sich die Küken bewegen. Mit geschlossenen Augen gelingt mir das besonders gut.

2 Das Stück höre ich noch einmal. Nun probiere ich Bewegungen zur Musik aus. Ich stelle mir dabei vor, dass ich ein Küken im Ei bin.

3 Ich wiederhole die Bewegungen, die mir am besten gefallen. Nun bringe ich sie in einen Ablauf. Den merke ich mir.

4 Anderen kann ich jetzt meine Ideen für Bewegungen zur Musik vorstellen. Vielleicht tanzen wir dann alle gemeinsam so, wie ich es vorgemacht habe.

Tanzlied der Fische

III/1 Text: Detlev Jöcker

1 Der Fischetanz ist kinderleicht,
wenn alle fröhlich sind.
Gleich geht es los, weil in dem Kreis
der Fischetanz beginnt.

Refrain
Wir tauchen rechts hinein – gluck, gluck,
dann geht es links hinein – gluck, gluck,
dann drehen wir uns schnell im Kreis,
dabei wird uns so richtig heiß.
Dann nehmen wir ganz schnell – gluck, gluck,
’nen kühlen Meereswasserschluck.
Ja, das war fein,
so muss ein Fischetanz wohl sein.

Strophe

rechts hinein

gluck, gluck

links hinein

gluck, gluck

Kreis

richtig heiß

Schluck

2 Den Fischetanz mag jeder gern,
egal, ob groß und klein,
ob dick und dünn, ob bunt und schwarz,
wir laden alle ein.
Refrain

3 Der Fischetanz für Jung und Alt
ist ein beliebter Hit.
Denn nicht nur Fische, auch die Menschen
machen gerne mit.
Refrain

Ja, das war fein, ...

1 Hört euch die Musik zum Fischetanz an.

2 Tanzt zur Musik. Die Strophen werden alle gleich getanzt, auch der Refrain.

■ Lieder und Texte mit Bewegungen gestalten; musikalische Formteile identifizieren; Musik mit Tanzformen in Verbindung bringen.

So geht’s: S. 61

Im Ozean III/2–4

Delfine greifen einen Schwarm kleiner Fische an.

Eine Schildkröte gleitet durch das Wasser.

Seelöwen spielen am Strand. Plötzlich taucht ein Killerwal auf.

Der Film **Deep Blue**, das heißt **Tiefes Blau**, zeigt die Tierwelt in den Ozeanen unserer Erde. In dem Film wird kaum gesprochen. Fast durchgehend wird Musik gespielt, die zum Film komponiert wurde.

1. Hört euch die Musikbeispiele an und malt, was euch zu der Musik einfällt.

2. Hört euch die drei Musikausschnitte an und versucht, diese den Bildern zuzuordnen.

3. Ihr könnt auch eigene **Klangmusik** erfinden und mit den Tönen **e, g, a** und **c** ein Meer aus Tönen gestalten. Dazu spielt jeder leise diese Töne im freien Spiel auf einem Metallofon oder einem Glockenspiel.

■ Mit Instrumenten improvisieren;
Höreindrücke von musikalischen Werkteilen nonverbal ausdrücken;
instrumentale Klangfarben unterscheiden.

! Fachwörter: S. 92

Der Maulwurf

III/5–7

Text und Melodie: Michael Frielinghaus;
Bearbeitung: B. K.

Buddel buddel buddel buddel

bud

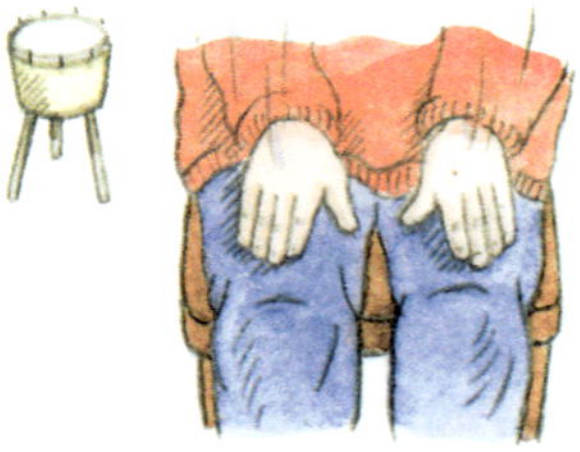

bum bum

- Singstimme in Verbindung mit Bodypercussion rhythmisch sicher einsetzen; Lieder mit musikalischen Ausdrucksmitteln begleiten.
- ▶ Leise das Echo singen; ausdrucksvoll singen, z. B. die Blattlaus besonders leise.

So geht's: S. 25

Refrain

1 Der Maulwurf, der Maulwurf,
der Maulwurf wirft 'nen Hügel auf
und nennt sein' Haufen Hügelhaus,
der Maulwurf, der Maulwurf.

Refrain

2 Die Wühlmaus, die Wühlmaus,
die Wühlmaus wühlt sich durch den Dreck,
die Pfoten waschen hat kein Zweck,
die Wühlmaus, die Wühlmaus.

Refrain

3 Der Wühlklaus, der Wühlklaus,
der Wühlklaus wühlt im Baggermatsch,
da rutscht er aus: kladderaddatsch!
Der Wühlklaus, der Wühlklaus.

Refrain

4 Die Blattlaus, die Blattlaus,
die Blattlaus frisst nur Chlorophyll,
weshalb sie niemals buddeln will,
die Blattlaus, die Blattlaus.

Refrain

5 Die Wildsau, die Wildsau,
die Wildsau buddelt wie verrückt,
der Oberförster ist entzückt!
Die Wildsau, die Wildsau.

Refrain

6 Der Hamster, der Hamster,
der Hamster singt, so lang er will,
auch wenn der Maulwurf sagt: „Sei still,
du Hamster, du Hamster!“

Schluss:
Buddel, buddel, buddel, buddel Hamster.
Buddel, buddel, buddel, buddel Wildsau.
Buddel, buddel, buddel, buddel Blattlaus,
und das Lied ist aus.

- Lieder mit erarbeiteten und selbst erfundenen Bewegungen begleiten.
- Refrain mit körpereigenen Instrumenten und Schlaginstrumenten begleiten.

Tabaluga

III/8–10

Tabaluga ist ein kleiner Drache.
Er wird von seinem Vater auf Reisen geschickt,
um erwachsen und vernünftig zu werden.
Unterwegs erlebt er viele Abenteuer.
Tabaluga trifft auf verschiedene Figuren: Pferde,
ein Zebra, Bienen, einen Schneemann und viele andere.
Die Geschichten von Tabaluga werden auch auf der Bühne gezeigt.
Sänger und Sängerinnen singen Lieder am Mikrofon.
Dazu spielt eine Rockband. Viele Tänzerinnen und Tänzer
bewegen sich in Kostümen zur Musik.
Auf dem Foto seht ihr einen Tanz
aus dem Stück **Tabaluga und die Zeichen der Zeit.**

1. Schaut euch das Bild an. Beschreibt, was ihr seht.

2. Tanzt so, wie es auf dem Foto zu sehen ist:
In der Mitte hüpft das Zebra.
Die Pferde laufen tanzend im Kreis um das Zebra herum.
Ganz außen tanzt Tabaluga um die Pferde.

3. Hört euch die Musikbeispiele an.
Tanzt dazu passend zu den Tieren.

4. Wie bewegen sich eure Tiere, wenn sie fröhlich, traurig,
aufgeregt oder müde sind? Probiert es aus.

- Gespräche über professionelle Tanzaufführungen, über die Bühnenbilder und über verschiedene Medien wie CD, DVD und Fernsehen;
- Theater- oder Konzertbesuch eines altersgerechten Werkes anbahnen.

So geht's: S. 61

Wir sind froh, dass es uns gibt – Der Bienensong

III/11

Text: Gregor Rottschalk
Melodie: Jean Jacques und Pascal Kravetz

1 Wer sie sieht, fängt fröhlich an zu pfeifen,
denn sie sind ein quietschfideles Haus.
Sie tragen gelb, darauf schwarze Streifen;
das sieht gut aus.

2 Sie sammeln im Sommer für den Winter
und lieben ihre Königin.
Sie kümmern sich um ihre kleinen Kinder;
sie haben ihn, den Familiensinn.

3 Sie sind bekannt für Fleiß und süßen Honig;
sie brauchen niemals Wasser und kein Brot.
Den Stachel nutzen sie ganz wenig;
nur in der Not, nur in der Not.

1 Singt den **Refrain** zum **Bienensong**.
Die Strophen **1 – 3** könnt ihr sprechen.

- Mit Bewegungen Instrumentalstücke oder Lieder begleiten.
- Die Strophen sind rhythmische Sprechtexte zwischen den Refrains. Ablauf: Refrain – 1. Strophe – 2. Strophe – Refrain – 3. Strophe – Refrain.

Jahreszeiten und Feste

Musik zu vielen Festen

III/12 – 15

1 Welche Feste kennst du?
Welche Feste hast du schon gefeiert? Erzähle!

2 Hört euch die Musik an.
Welches Bild passt zu welchem Hörbeispiel?

3 Kennst du noch andere Musik zu diesen Festen?
Berichte davon.

4 Eure Klasse möchte ein Fest feiern.
Welche Musik sucht ihr aus?

- Bezüge zwischen Musik und Jahres-/Festkreis wahrnehmen.

Es war eine Mutter

III/16

Text und Melodie: mündlich überliefert

- Grafische Zeichen zur Darstellung von rhythmischen Bausteinen und Melodien; Lieder mit musikalischen Ausdrucksmitteln begleiten.
- Grundton der Harmonie an jedem Taktanfang mitspielen.

So geht's: S. 25

Schmetterlinge tanzen

III/17–18 IV/16–17

Text und Melodie:
Ulrike Meyerholz

2 (A) Vogelkinder flattern
um die alten Bäume,
denn der Frühling ist vorbei!
(B) Alle sind im Schwimmbad,
alle freun sich auf die
Schoko-Nuss-Eis-Schleckerei.

3 (A) Bunte Blätter tanzen
um die alten Bäume,
denn der Sommer ist vorbei!
(B) Vögel ziehn nach Süden,
doch die Sonne wärmt noch
fast genauso wie im Mai.

4 (A) Glitzerflocken tanzen
um die alten Bäume,
denn der Herbst ist längst vorbei.
(B) Siebenschläfer schlafen
und ein Schneemann träumt von
winterweißer Zauberei.

(A)

1 Stellt euch zu zweit auf.
Das eine Kind ist ein **Baum**.
Das andere Kind tanzt im Teil (A)
um den nebenstehenden **Baum** herum.

Im Teil (B) tanzt ihr als Paar
eingehakt herum.

(B)

- Metrisch gebundene Bewegungen koordiniert ausführen; musikalische Spielszene gestalten.
- Zu den Zwischenspielen auf der CD angefasst in Paaren herumgehen.

So geht's: S. 61

Rums dideldums

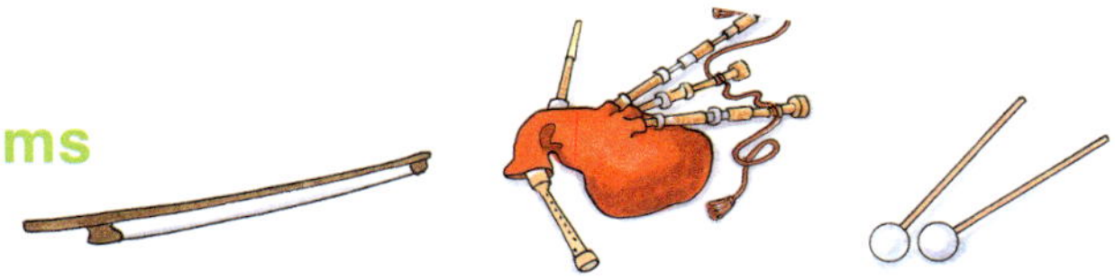

Text: Karola Wilke:
Melodie: Wolfgang Stumme

2 Rums dideldums didel Fidelbogen,
heute wird durchs Dorf gezogen.
Keiner soll uns Narren kennen,
uns bei unserm Namen nennen.

3 Rums dideldums didel Flötenloch,
gebt uns was zu essen doch,
fett und mager, süß und sauer,
sei nicht geizig, reicher Bauer!

4 Rums dideldums didel Paukenschlag,
heute zähl'n wir jeden Tag,
bis das alte Jahr verklingt,
uns die neue Fasnacht bringt.

Nach der 1., 2. und 3. Strophe folgt der Zwischenteil:

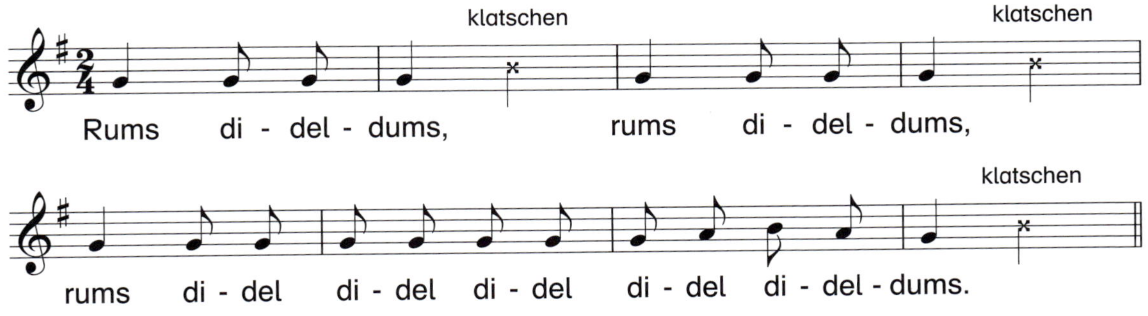

1 Stellt euch in einer langen Schlange hintereinander auf.
Zum Lied könnt ihr durch die Klasse oder durch die Schule ziehen.

2 Das Lied und den Zwischenteil
könnt ihr mit der Stimme begleiten:

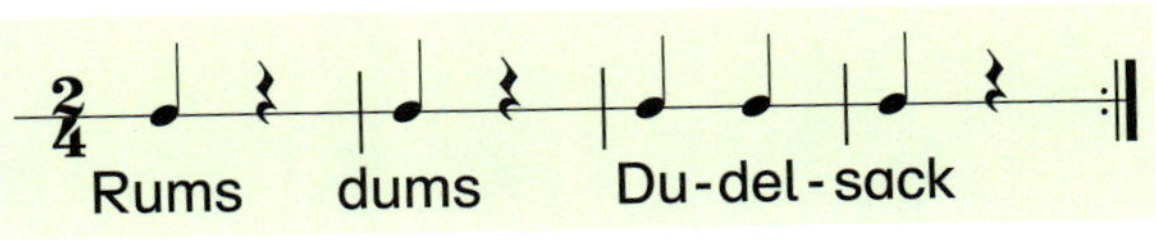

- Spielszene gestalten; Lieder mit musikalischen Ausdrucksmitteln begleiten. Singstimme in Verbindung mit Bodypercussion einsetzen.
- Zum Zwischenteil denken sich die Kinder lustige Bewegungen aus.

Immer wieder kommt ein neuer Frühling

III/19–20

Text und Melodie: Rolf Zuckowski

Refrain

Strophen

1

2

3

4

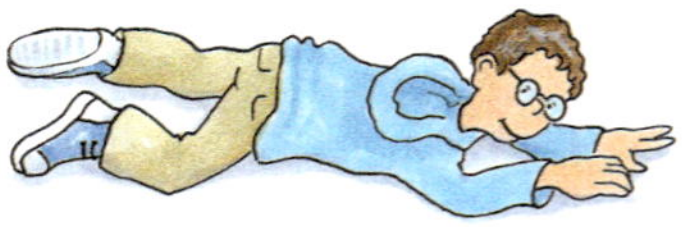

5

- Kindertänze zum Jahreskreis; musikalische Formteile identifizieren: Begriffe **Refrain** (erkennbar an der sich wiederholenden Zeichnung und den immer gleichen Tanzschritten) und **Strophe** einführen.

! Fachwörter: S. 93, 94

Refrain
Immer wieder kommt ein neuer Frühling,
immer wieder kommt ein neuer März.
Immer wieder bringt er neue Blumen,
immer wieder Licht in unser Herz.

1 Hokuspokus steckt der Krokus
seine Nase schon ans Licht.

Refrain

2 Auch das Häschen steckt sein Näschen
frech heraus aus seinem Bau.

Refrain

3 Still und leise hat die Meise
sich ein neues Nest gebaut.

Refrain

4 Auch die Schlange freut sich lange
schon auf ihre neue Haut.

Refrain

5 Und die Sonne strahlt voll Wonne,
denn der Winter ist vorbei.

Refrain

1. Singt das Lied und tanzt dazu.
Im Refrain tanzt ihr immer dasselbe.
In den Strophen könnt ihr darstellen,
was passiert.

2. Welche Bilder passen zum Refrain
und welche zur Strophe?

3. Erkläre den Unterschied
zwischen Refrain und Strophe.

Lieder nach Zeichen singen; Spielszene gestalten;
Lieder mit Bewegungen koordiniert und frei gestalten.

So geht's: S. 61

Has, Has, Osterhas III/21 – 22

Text: Paula Dehmel
Melodie: Richard Rudolf Klein

2 Has, Has, Osterhas,
mit deinen bunten Eiern!
Der Star lugt aus dem Kasten raus.
Blühkätzchen sitzen um sein Haus.
Wann kommst du Frühling feiern?

3 Has, Has, Osterhas,
ich wünsche mir das Beste:
ein großes Ei, ein kleines Ei,
dazu ein lustig Dudeldei.
Alles in einem Neste.

Begleitung im Wechselschlag

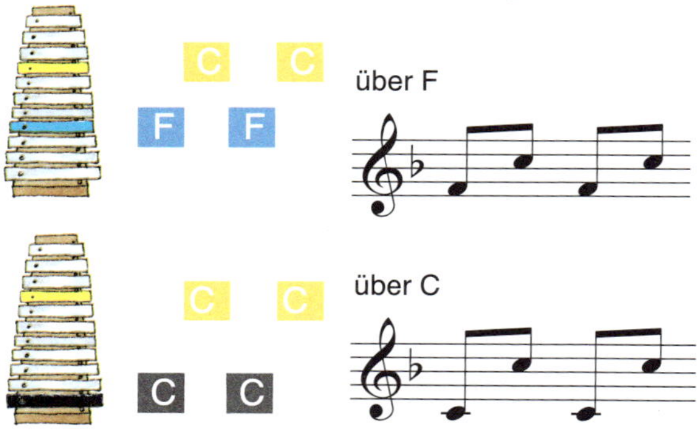

Begleitung im Zusammenschlag

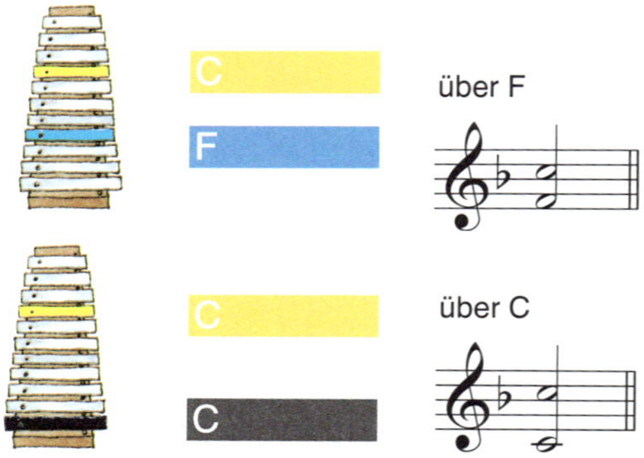

1 Begleitet das Lied im **Zusammenschlag** und im **Wechselschlag**.

- Singen nach Zeichen;
  Spieltechniken des Orff-Instrumentariums anwenden;
  Lieder mit verschiedenen musikalischen Ausdrucksmitteln begleiten.

So geht's: S. 25, 37
Fachwörter: S. 94

Sommerwetter – ein Rhythmical

III/23

Kanon

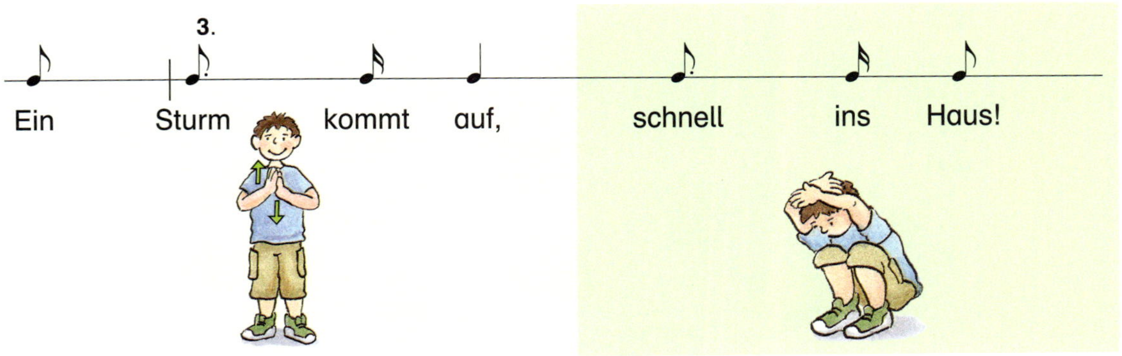

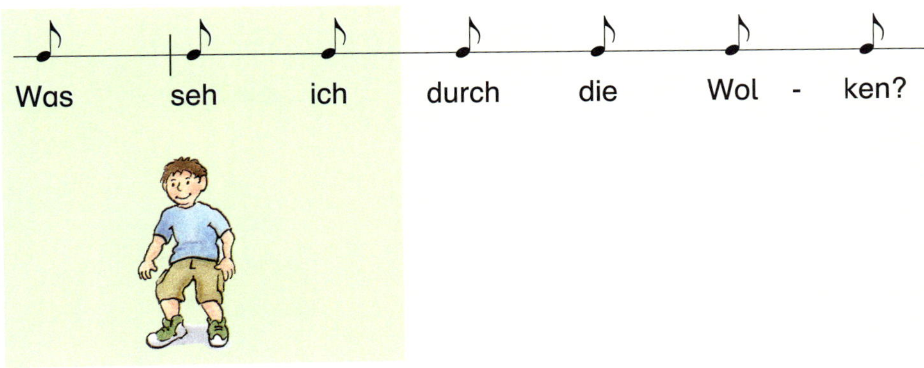

■ Sprechstimme auch in Verbindung mit Bodypercussion rhythmisch sicher einsetzen.

Wir tanzen im Winde

III/24 – 25

Text und Melodie: Ulrike Meyerholz

2 Der Herbstwind wird stärker,
wir wirbeln herum.
Er braust und er bläst
und dann ist er ganz stumm.

Begleitung

1 Tanzt wie die Blätter im Wind.

2 Macht unterschiedliche Windgeräusche mit eurer Stimme.

3 Hört euch die Musik an. III/26
Malt den starken Wind,
den die Musik hörbar macht.
Euer Ohr führt eure Hand.

- Höreindürcke in nonverbalen Ausdrucksformen wiedergeben;
Stimmbildungsübungen;
musikalische Spielszenen gestalten;

So geht's: S. 47, 61

Leuchte, leuchte, kleine Laterne

III/27

Text und Melodie: Rudolf Nykrin

2 Blinke, blinke, kleine Laterne,
blinke wie ein heller Stern.
Leute schauen aus dem Fenster,
Sterne haben alle gern.

3 Glänze, glänze, kleine Laterne,
glänze hell in dieser Nacht.
Zwischen großen, grauen Häusern
strahlt heut eine Lichterpracht.

4 Wiege, wiege, kleine Laterne,
wieg dich sanft in dunkler Nacht.
Kleines Schiff aus Lichterschein,
sollst mein Weggefährte sein.

Begleitung

1. Begleitet das Lied mit Instrumenten.

2. Bastelt aus leeren Marmeladengläsern, Transparentpapier und Kleister eure eigene Laterne.

3. Gestaltet einen ruhigen Laternentanz zum Lied. Nehmt eure Laterne dazu in die Hand.

So geht's: S. 37

Nikolo bum bum

III/28

Text und Melodie: Ferdinand Neumaier

2 Nikolo bum bum,
da Nikolo geht um.
Machts eahm auf, er klopft scho o,
mir grüaßn di, du heiliger Mo.
Kimm eina glei ins Haus,
und laar dei Sackerl aus!

3 Nikolo bum bum,
da Nikolo geht um.
Sågn ma da a Sprücherl auf,
a Liadl sing ma aa no drauf.
Lass fei koa Ruatn då,
du liaber Nikolo!

4 Nikolo bum bum,
da Nikolo geht um.
Äpfi, Birn und Mandlkern
und Zuckerzipfi ess ma gern.
Muaßt heit no so weit geh,
mir dank ma da recht schee!

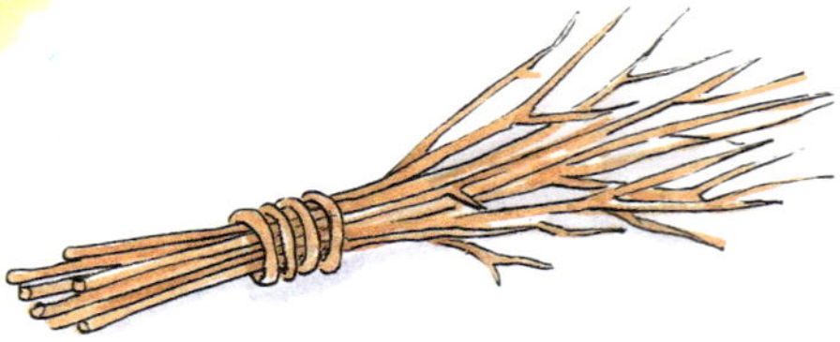

Begleitung mit Bassstäben

Trommel
Claves

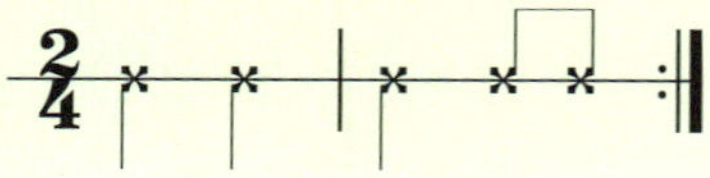

1 Begleitet das Stück mit Instrumenten.

2 Zu den Strophen könnt ihr euch passende Bewegungen ausdenken.

3 Gestaltet zu dem Lied ein kleines Theaterstück.

- Lieder mit verschiedenen musikalischen Ausdrucksmitteln begleiten; Lieder mit Bewegungen gestalten; musikalische Spielszenen zu Liedern gestalten.

So geht's: S. 37, 61

Der kleine Trommler III/29–30

Text: W. Hausmannn, A. Schwarzmann, J. Jorge
Musik: K. Davis, H. Onorati, H. Simeone

2 Liebes Christuskind, pa ra pa pa pam,
bin nur ein kleiner Junge, ra pa pa pam.
Wo alte Könige mit Gaben stehn,
lässt man vielleicht mich gar nicht zu dir gehn,
hab ja kein Geld, hab ja kein Geld.
Kann nur trommeln für dich, ra pa pa pam,
wenn's dir gefällt.

3 Und vom Himmel hoch, pa ra pa pa pam,
da kam ein Stern herab, pa ra pa pa pam,
der führte ihn die stillen Straßen entlang
und seine kleine Trommel klang und sang,
ra pa pa pam, ra pa pa pam,
dass zum Heil der Welt, pa ra pa pa pam,
Christus kam.

- Spieltechniken des Orff-Instrumentariums anwenden.
- Mit Trommeln an entsprechenden Textstellen mitspielen; Stabspiele bei Echos einsetzen; während des Singens und Trommelns ist auch szenisches Spiel möglich.

Was soll das bedeuten?

Melodie und Text: mündlich überliefert

2 Treibt zusammen, treibt zusammen die Schäflein fürbass!
Treibt zusammen, treibt zusammen, dort zeig ich euch was:
Dort in dem Stall, dort in dem Stall
werd't Wunderding sehen, treibt zusammen einmal!

3 Ich hab nur ein wenig von Weitem geguckt,
da hat mir mein Herz schon vor Freuden gehupft:
Ein schönes Kind, ein schönes Kind
liegt dort in der Krippe bei Esel und Rind.

- Szenisches Spiel zum Lied: 1. Hirten wachen auf, sind sehr erstaunt; 2. sie nehmen ihre Stoffschafe und machen sich auf den Weg; 3. sie kommen an der Krippe an. Möglichkeit: Ein einzelner Hirte singt, die anderen spielen dazu.
- Das Wort **fürbass** bedeutet **weiter, vorwärts**.

Am Himmel, da zoagt si a hellliachter Stern III/31

Melodie und Text: mündlich überliefert

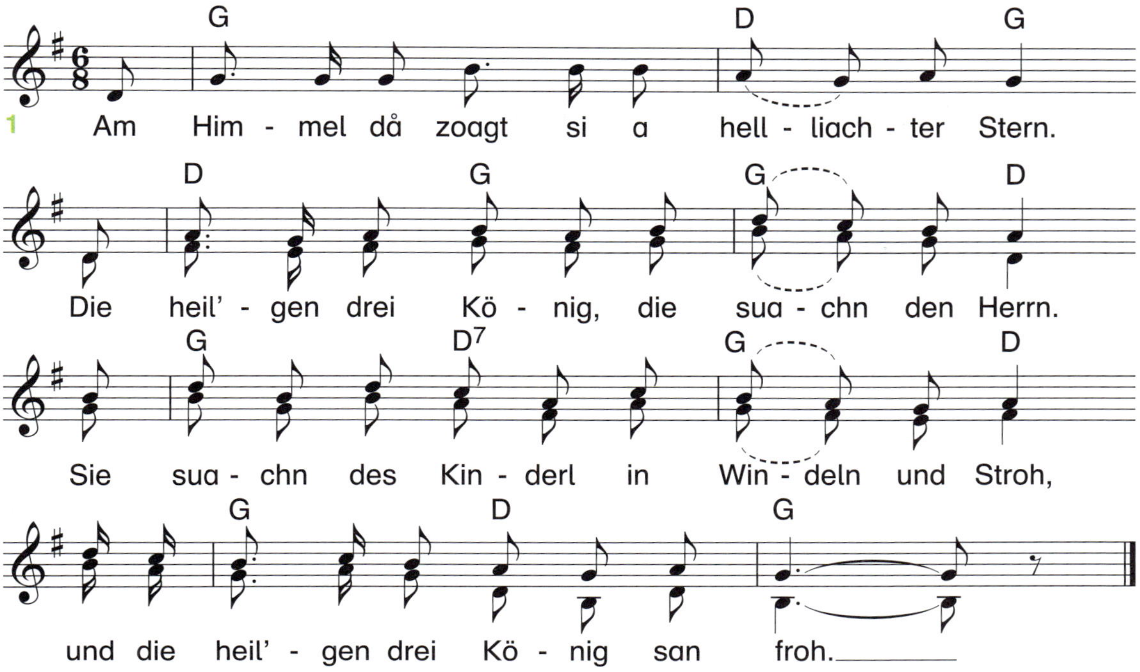

2 Sie reiten auf Rößlein und auf dem Kamel,
der Stern, der macht d'Nåcht wia an Tåg so schön hell.
Si kennan koan Rast und sie kennan koa Ruah,
denn sie roas'n auf Bethlehem zua.

3 Då bleibt da Stern stehn, und sie steign schnell vom Pferd,
gehn eini in Ståll und fålln nieder auf d'Erd.
Sie grüßn des Kinderl in Windeln und Stroh,
und die heil'gen drei König san froh.

4 Sie schenken dem Kinderl so allerhand:
Gold, Weihrauch und Myrrhen vom fernen Land.
Der Kaspar, der Melchior, der Balthasar,
wünschen allen a recht a guat's Jahr.

1 Gestaltet mit den Liedern ein kleines Krippenspiel

- Musikalische Spielszenen zu Liedtexten mit verschiedenen künstlerischen Ausdrucksmitteln gestalten.
- Weitere Weihnachtslieder im Spiel einsetzen.

Eine musikalische Schlittenfahrt III/32

In der **Musikalischen Schlittenfahrt** von Leopold Mozart wird musikalisch dargestellt, wie Pferde gleichmäßig traben. Dabei bimmeln die Glocken, die am Zaumzeug der Pferde hängen, bei jedem Schritt. Zum Nachahmen dieses Schlittengeräusches gibt es richtige Schlittenglocken. Man kann aber auch ein Schellenband, einen Schellenkranz, einen Glockenkranz oder einen Schellenring verwenden.

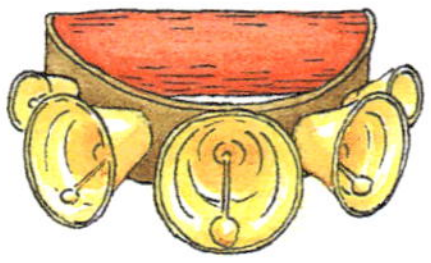

Glockenkranz

Schellenband

Schellenkranz

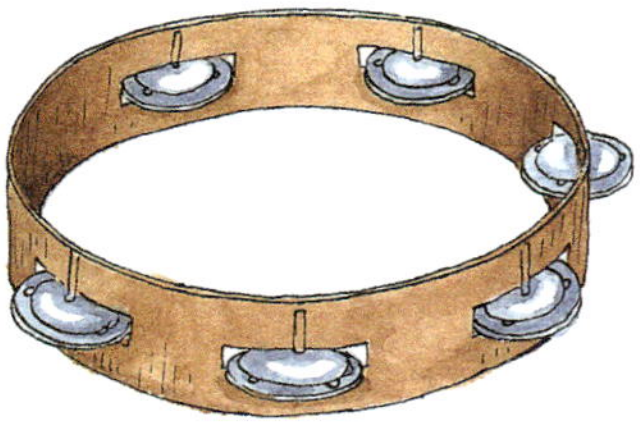

Schellenring

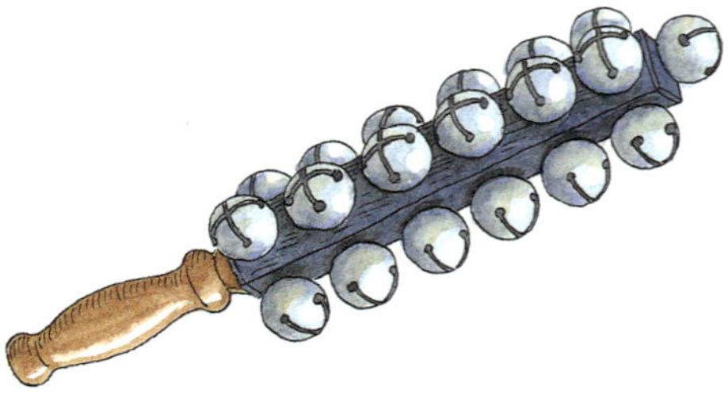

Schlittenglocken

1. Versucht, zu dem Musikstück genau im **Tempo** der Pferde zu laufen.

2. Klatscht oder spielt gleichmäßig auf euren Instrumenten zum Musikbeispiel.

Höreindrücke nonverbal wiedergeben;
einfache Spieltechniken des Orff-Instrumentariums anwenden;
musikalische Ausdrucksmittel kennenlernen: Tempo.

So geht's: S. 61
Fachwörter: S. 94

Der Geiger und **Komponist**
Leopold Mozart (1719–1787) lebte vor etwa 300 Jahren. Er war Vater, Schullehrer und Geigenlehrer des berühmten Komponisten Wolfgang Amadeus Mozart.
Immer wenn Wolfgang und seine Schwester Nannerl mit ihm auf Reisen waren, unterrichtete der Vater seine Kinder selbst.
Seine **Musikalische Schlittenfahrt** wurde das erste Mal in Augsburg aufgeführt. Dort hatte eine große Schlittenfahrt im Jahr vor dem Konzert stattgefunden.

3 Beschreibt, was ihr auf dem Bild oben seht.

4 Überlegt euch selbst Figuren, in denen ihr zur Musik lauft.

Singspiel

Opa hat Geburtstag III/33–37

Szenen nach einer Idee von Britta Hamann

Mitwirkende

Bert

Erna

Mutter

Opa

Oma

Gedächtniskünstler

Schauspieltruppe

Chor und Tänzer

- Bezüge zwischen Musik und Festkreis wahrnehmen.
- Theater- oder Konzertbesuch eines altersgerechten Werkes anbahnen.

1. Szene: **Zu Hause**

Opa hat Geburtstag – die beiden Enkel Erna und Bert wissen nicht, was sie ihm schenken sollen. Schließlich haben sie eine Idee: Sie geben eine Party für Opa und dazu laden sie ihre ganze Klasse ein – denn jeder soll etwas vorführen. Opa bekommt eine Geburtstagsshow!

Erna: *(sitzt an einem Tisch, ihr gegenüber sitzt Bert)* Och, manno, was sollen wir Opa bloß schenken? In fünf Tagen hat er Geburtstag!

Bert: *(stöhnt)* So was Dummes! Unsere Sparschweine sind leer. Kaufen können wir nichts.

Mama: *(kommt ins Zimmer)* Na, was schenkt ihr Opa zum Geburtstag?

Erna und Bert: Keine Ahnung! *(sie zucken mit den Schultern)*

Mutter: Wie wäre es mit einem großen Bild, das ihr zusammen malt?

Erna: Wie langweilig!

Bert: Davon hat Opa schon ganz viele.

Mutter: Wie wäre es, wenn ihr etwas strickt? Vielleicht einen schönen Schal?

Erna: Oma strickt doch dauernd!

Mutter: Bert könnte einen Kuchen backen.

Bert: Nee! Das kannst du am besten!

Erna: Kommen eigentlich Gäste zu Opas Geburtstag?

Mutter: Nein – weißt du, Opa hat keine Lust. Die ganze Vorbereitung ist für ihn zu anstrengend.

Beide Kinder: *(sehen sich an)* Waaaaas??? Keine Party? Keine Gäste?
(Kinder tuscheln)

Erna: Ich hab's!!! Wir machen eine Überraschungsparty für Opa!

Mutter: Wer? Wir?

Bert: *(grinst)* Unsere Klasse! *(Mutter schaut entsetzt)*

Erna: Unsere Klasse macht eine Geburtstagsshow! Du wirst schon sehen!

Mutter: *(schüttelt den Kopf)* Na, von mir aus. Ich geh dann mal und suche nach einem Kuchenrezept!
(sie geht von der Bühne ab) – Vorhang

2. Szene: **Der Geburtstag** (5 Tage später)

Die Kinder singen und tanzen bereits, wenn der Vorhang sich öffnet. Alle freuen sich über die gute Partystimmung. Opa klatscht begeistert mit. Oma schaut kritisch, aber auch sie kommt langsam in Schwung.

Der Opa hat Geburtstag heut

III/33–34

Text: BK; Melodie: mündlich überliefert

Nach dem Lied und Applaus von Opa, Oma und Mutter verbeugen sich alle Kinder vor dem Geburtstagskind.

- Szenisches Spiel umsetzen; musikalisch begleiten.

3. Szene: **Die Gedächtniskünstler**

Bert: Lieber Opa! Dieses Jahr haben wir ein besonderes Geschenk für dich.
Erna: Unsere Klasse macht für dich eine Geburtstagsshow!
Erna und Bert: (zusammen) Wir präsentieren als Erstes die Gedächtniskünstler.

Drunt in da greana Au

Melodie und Text: mündlich überliefert

2 Wås is an dem Ast?
A wunderscheens Asterl!
Asterl am Ast, Ast am Baam,
Baam in da Au, drunt in da greana Au …

3 Wås is an dem Asterl?
A wunderscheens Zweigerl!
Zweigerl am Asterl …

4 Wås is an dem Zweigerl?
A wunderscheens Blattl!
Blattl am Zweigerl …

5 Wås is an dem Blattl?
A ganz a fette Laus!
Laus am Blattl …

6 Woher kommt die Laus?
Von a ganz a frechen Maus!
Maus mit da Laus …

7 Woher kommt die Maus?
Vom Schneider seim Haus!
Haus mit da Maus …

- Singende und darstellende Kinder achten auf deutliche Aussprache.
- Das Lied in dem jeweiligen Dialekt singen lassen.

4. Szene: **Die Schauspieltruppe**

Bert: Und als Nächstes seht Ihr die Schauspieltruppe.

Text: Strophe 1+2: W. Hering, B. Meyerholz, ab Strophe 3: B. K.
Melodie: Wolfgang Hering, Bernd Meyerholz

Komm, wir spielen heut Theater III/35 – 36

2 Komm, wir spielen heute Cowboy, 3-mal
komm, reit doch einfach mit.
1, 2, 3, so können alle reiten,
4, 5, 6, immer weiter reiten,
7, 8, 9, jeder kann so reiten,
10, reit doch einfach mit.

3 Komm, wir sind 'ne Ballerina, 3-mal
komm, tanz doch einfach mit.
1, 2, 3, so können alle tanzen ...

4 Komm, wir spielen heut Vampire, 3-mal
komm, spiel doch einfach mit.
1, 2, 3, so können alle spielen, ...

► Zur jeweiligen Rolle nehmen die Theaterkinder die entsprechende Haltung, den Gesichtsausdruck und den Gang ein; sie flanieren als Gruppen oder Paare vorbei; Liedtexte passen sich den Verkleidungen und Rollen an.

So geht's: S. 61

5. Szene: **Die Tänzer**

Erna: So, Opa, und jetzt kommt etwas zum Mitmachen.

Hansl, tanz mit mir

III/37

Melodie und Text: mündlich überliefert

2 Ja, i tanz mit dir, oamal hin und oamal her,
kimm, i drah di glei lustig umadum!

Han – sl tanz mit mir,

oa – mal hin und oa – mal her

Han – sl tanz mit mir, drah di umadum!

Opa: *(fällt schwankend in seinen Sessel)*
Das macht richtig Spaß! *(pustet)*

Mutter: *(fächelt Opa Luft zu)* So, ich denke, es reicht für Opa.
Jetzt gibt es Geburtstagskuchen und einen starken Kaffee –
und ordentlich Brause für die durstigen Künstler.
Einen großen Applaus zum Abschluss für die Klasse von Erna und Bert!
(Applaus – alle kommen nach vorne und verbeugen sich)

- Kindertänze aus dem eigenen regionalen Bezugsraum tanzen.
- Andere Lieder und Vorführungen können in das Singspiel integriert werden.

So geht's: S. 61

Wer weiß Bescheid?

Musikalische

Suche dir eine oder
mehrere Aufgaben aus,
die du bearbeiten willst.
Du kannst die Aufgabe auch
mit anderen zusammen lösen.

Wenn ihr fertig seid,
könnt ihr der Klasse zeigen,
was ihr gemacht habt.

Ideenkisten

Wichtige Fachwörter

		Seite
Bordun	eine gleichbleibende Begleitung in tiefer Tonlage; lange, liegende Töne, meist paarweise gespielt	→ 22
Chor	viele Personen, die gemeinsam singen; ein Chorleiter dirigiert den Chor	→ 84
crescendo	die Lautstärke nimmt zu	→ 44
decrescendo	die Lautstärke nimmt ab	→ 44
Dirigent	steht vor einem Orchester oder einem Chor und leitet die Musizierenden mit den Bewegungen seiner Arme und Hände	→ 28, 52
Grundschlag	gleichmäßiger, durchlaufender Schlag in der Musik, auf den sich alle anderen Instrumente beziehen	→ 60, 82
Instrumental-stimmen	das, was jedes Instrument zu spielen hat	→ 56 ff.
Instrumente-gruppen	Blasinstrumente, Schlaginstrumente, Streichinstrumente/Saiteninstrumente, Tasteninstrumente, Zupfinstrumente	→ 11, 36 f., 56 f.
Kanon	ein Lied, das man mehrstimmig singen kann, wenn man mit mehreren Gruppen in bestimmten Abständen hintereinander einsetzt	→ 22, 75
Klangfarbe	sie beschreibt einen Klang	→ 51
Klangmusik	eine komponierte Musik aus Klängen, Klangsilben und Klangwörtern	→ 63
Klangsilben	Silben, die keinen Inhalt haben, sondern wie Töne klingen	→ 36
Klangwörter	Wörter für Geräusche, die besonders ausdrucksstark gesprochen werden	→ 48

■ Wenden grundlegendes Fachvokabular im Gespräch über Musik an.

Seite

Klangzeichen – einem Klang ein Zeichen geben → 18 f., 49

Komponist – jemand, der sich Musik ausdenkt und aufschreibt → 58, 60, 83

Lautstärken – Bezeichnung für Lautstärken: piano (*p*) – leise, mezzoforte (*mf*) – mittellaut, forte (*f*) – laut → 28, 52

Lied – eine Melodie mit Text → 29

Melodie – eine Tonfolge → 13

Motiv – charakteristische Folge von Tönen → 58

Refrain – siehe Strophe

Rondo – ein Teil der Musik taucht regelmäßig wieder auf, die Teile dazwischen sind verschieden:
A – B – A – C – A – D – A – E – A – F – A ... → 18

Rhythmus – eine gewollte Folge verschiedener Tonlängen → 16, 41, 43

Rhythmussprache – rhythmisch gesprochene Wörter oder Klangsilben zum Erlernen eines Rhythmus → 41, 43

Solo – ein Sänger singt allein vor der Gruppe, oder jemand musiziert mit einem Instrument allein → 18

		Seite
Sprechgesang	rhythmisches Sprechen mit ausdrucksstarker Stimmgebung	→ 17
Stabspiel/ Glockenspiel	ein Musikinstrument mit Klangstäben, auf denen gespielt wird	→ 49, 69
Stabspiel-begleitung	eine Liedbegleitung für Stabspiele	→ 74
Strophe / Refrain	Liedteile: in den Strophen wechseln die Texte, im Refrain üblicherweise nicht	→ 13, 62, 72
Tempo	Geschwindigkeit, in der die Musik spielt, reicht von sehr langsam bis sehr schnell	→ 82
Wechsel-schlag	Schlagtechnik für das Stabspiel: in jeder Hand einen Schlägel, zwei Töne entweder im Wechsel ...	
Zusammen-schlag	... oder zusammen anschlagen	→ 74

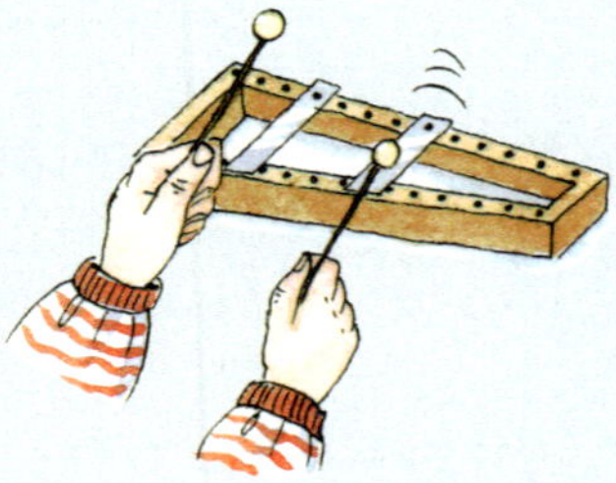

Quellenverzeichnis

Copyright

T = Text Tü = Textübertragung M = Melodie

13 M: Bildungshaus Schulbuchverlage Westermann Schroedel Diesterweg Schöningh Winklers GmbH; T: BK
15 MusicVision GmbH, Küsnacht
16 T: Anja Schuchhardt; Tü: Bildungshaus Schulbuchverlage Westermann Schroedel Diesterweg Schöningh Winklers GmbH
18 Ulrike Meyerholz
23 Wolfgang Hering
24 Beate Lambert
28 M: Cornelsen Verlag GmbH, Berlin; T: James Krüss
30 T: Leo Lionni, © Verlag Friedrich Oetinger, Hamburg 1962
34 Edizioni Musicali Camaleonte/Peermusic (Germany) GmbH, Hamburg
37 T: Anja Schuchhardt; Tü: Bildungshaus Schulbuchverlage Westermann Schroedel Diesterweg Schöningh Winklers GmbH
39 Werner Beidinger
40 Aktive Musik Verlagsgesellschaft mbH, Dortmund
42 Aktive Musik Verlagsgesellschaft mbH, Dortmund
43 Ulrike Meyerholz
44 M: Christine Gauster; T: Mira Lobe, Ernst A. Ekker
46 Tü: Bildungshaus Schulbuchverlage Westermann Schroedel Diesterweg Schöningh Winklers GmbH
47 Aktive Musik Verlagsgesellschaft mbH, Dortmund
48, 49 Margrit Küntzel-Hansen
50, 51 © 1997, Bertelsmann Verlag, München, Dr. Seuss
52 Moon-Records-Verlag, Düsseldorf
53 Aktive Musik Verlagsgesellschaft mbH, Dortmund
54 M & T: Fidula Verlag, Boppard/Rhein
62 T: D. Jöcker © Menschenkinderverlag, Münster;
64, 65 T und M: Michael Frielinghaus © 1995 Hit Pick Music von der CD „Kinder-Hits", erschienen bei Edition Wunderwolke; Tü: Bildungshaus Schulbuchverlage Westermann Schroedel Diesterweg Schöningh Winklers GmbH
67 aus „Tabaluga und Lilli"; T: Gregor Rottschalk; M: Jean-Jacques und Pascal Kravetz © Ed. 2000 red Rooster / Musik Edition Dicoton GmbH, Berlin (Universal Music Publishing Group)
70 Ulrike Meyerholz
71 Möseler Verlag, Wolfenbüttel
72, 73 MUSIK FÜR DICH Rolf Zuckowski OHG (Sikorski Musikverlage), Hamburg
74 Fidula Verlag, Boppard/Rhein
76 Ulrike Meyerholz
77 Schott Musik GmbH&Co. KG, Mainz
78 aus: Singendes Waldgebirg, Band 4, Morsak Verlag; Rechteinhaber Burkhart Cording
79 © by MILS MUSIC INC/DELAWARE MUSIC CORP. Chappel & Co. GmbH & Co. KG, Hamburg
86 T: Bildungshaus Schulbuchverlage Westermann Schroedel Diesterweg Schöningh Winklers GmbH
88 Fidula Verlag, Boppard/Rhein

Bildquellen

Coenen, Sebastian 6–13, 36
Kania, Silvia 26–27, 64–65
Krautmann, Milada 18 (u.), 20-21, 40-43, 49, 52
Kreimeyer-Visse, Marion 34 (o.), 38-39, 44, 56-59, 73-74, 79 (o.), 82-83 (o.), 92-93 (u.), 94, 96, U3
Rauschenbach, Anke U2, 1-3 (u.), 4-5, 14-18 (o.), 19, 25, 28-29, 32-34 (u.), 35, 47, 51, 53-55, 60-62, 67, 80-81, 84-91
Rosenberg, Katja 3 (o.), 22-24, 37, 45-46, 48, 69-72, 75-79, 83 (u.), 93 (mi.)

lA1PIX - Your Photo Today, Ottobrunn: Birgit Gierth 68.4. lbildagentur-online GmbH, Burgkunstadt: TIPS-Images 63.2. lFotografie Dominik Asbach, Duisburg: 82.1. lGetty Images, München: Franziska Krug 67.8. liStockphoto.com, Calgary: Kim Bunker 63.3. l National Museum of the American Indian, Washington: Charlotte Heth: Native American Dance ceremonies and social traditions 44.1. lPantherMedia GmbH (panthermedia.net), München: Dmitriy Shironosov 68.2; Michael Kupke 68.3. lPicture-Alliance GmbH, Frankfurt/M.: Arco Images GmbH/Bernhard, A. 68.1; Franco Banfi/WaterFrame 63.1; Isabel Schiffler / Jazz Archiv Hamburg 66.1. l 79.6, 83.2, 93.2. lVerlag Friedrich Oetinger GmbH, Hamburg: Leo Lionni, Das kleine Blau und das kleine Gelb 30, 31 lVerlagsgruppe Random House GmbH, München: © Dr. Seuss, 1996, Jeder Tag hat eine Farbe 50.1, 50.2. lwgr-gebrauchsgrafik, Braunschweig: 69.

Wir arbeiten sehr sorgfältig daran, für alle verwendeten Abbildungen die Rechteinhaberinnen und Rechteinhaber zu ermitteln. Sollte uns dies im Einzelfall nicht vollständig gelungen sein, werden berechtigte Ansprüche selbstverständlich im Rahmen der üblichen Vereinbarungen abgegolten.

Orff-Instrumente